Silvia Wallimann
Brücke ins Licht

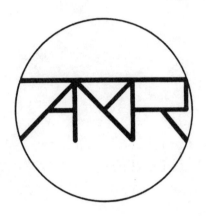

Silvia Wallimann

Brücke ins Licht

Ein Ratgeber für das Leben
und das Leben danach

Verlag Hermann Bauer
Freiburg im Breisgau

CIP-Titelaufnahme der Deutschen Bibliothek

Wallimann, Silvia:
Brücke ins Licht : ein Ratgeber für das Leben
und das Leben danach / Silvia Wallimann. –
3. Aufl., 31.-35. Tsd. –
Freiburg im Breisgau : Bauer, 1991
 ISBN 3-7626-0309-X

3. Auflage 1991 – 31.-35. Tsd.
ISBN 3-7626-0309-X
© 1986 by Verlag Hermann Bauer KG, Freiburg im Breisgau.
Alle Rechte vorbehalten.
Umschlagzeichnung: Peter Wallimann.
Satz im Rombach: Druckhaus KG, Freiburg im Breisgau.
Druck und Bindung: May + Co, Darmstadt.
Printed in Germany.

Inhalt

Vorwort 7
Erfahrungen mit dem Sterben 9
Der Ätherleib und die Energiezentren 21
Die Körper des Menschen 34
Die astrale Aura 36
Die Astralwelt 43
   Die erste Dimension 43
   Die zweite Dimension 44
   Die dritte Dimension 45
   Die vierte Dimension 47
   Die fünfte Dimension 51
   Die sechste Dimension 53
   Die siebente Dimension 56
   Der astrale Schlaf 57
Die bewohnten Planeten 61
Die Mentalsphäre 63
Die Kausalebene 66
Die Vorbereitung auf den Tod 68
Der eigentliche Sterbevorgang 79
Der klinische Tod 90
Der Selbstmord 98
Die Krankheit 100
Das Selbstmitleid 113

Der Schlaf	117
Der Herzschlag der Erde	131
Die vier Elemente	136
Der innere Weg	140
Die Freude	149
Schlußwort	155

Vorwort

Die Angst vor dem Leben und vor dem Sterben ist mir seit meiner Jugendzeit immer wieder begegnet. Ich fühle mich allen Menschen innerlich sehr verbunden. Die Frage, wie ich helfen könnte, beschäftigte mich Tag und Nacht so sehr, daß ich schließlich den Mut fand, meine in der Meditation und durch das Hellsehen gesammelten Erfahrungen in diesem Buch niederzuschreiben. Ich hoffe, meine Zeilen können helfen, Brücken zu schlagen zwischen den Menschen untereinander. Vielleicht dürfen sie für viele die Brücke ins Licht sein.

Erfahrungen mit dem Sterben

Noch bevor ich das Licht der Welt erblickte, erlebte ich die Todesangst, und zwar im Mutterleib. Dies wurde mir allerdings erst bewußt durch ein Meditationserlebnis.

Schon als junge Frau begann ich mit der Meditation, das heißt, ich lernte, meinen Körper ruhig zu stellen, mich von Gedanken freizumachen und nur nach innen zu hören und zu fühlen. Dabei machte ich es mir zur Gewohnheit, meine meditativen Erfahrungen aufzuschreiben. Anfänglich tat ich dies mit Hilfe des verstandesmäßigen Denkens. Doch später entwickelte sich daraus eine Art des medialen Schreibens, das heißt, ich lernte durch regelmäßiges Meditieren, mich in einen tranceähnlichen Zustand zu versetzen; ich konnte ihn nach langem Üben auch mit geöffneten Augen beibehalten und die Meditationserfahrungen ohne Beeinflussung durch eigenes Denken niederschreiben.

Vor einiger Zeit setzte ich mich wieder einmal hin, um zu meditieren. Ich empfand mich geistig ganz offen und hatte mir nichts Bestimmtes vorgenommen. Mein Körper befand sich in dem vertrauten tranceähnlichen Zustand. Plötzlich sah ich mich im Mutterleib:

Ich war etwa acht Wochen alt und empfand eine unbeschreibliche Angst, die ich mir nicht erklären konnte. Dunkle Farben strömten auf mich ein, eine tosende Welle erfaßte mich, und ihr Sog riß mich in immer schwärzere Farben hinunter. Das Gefühl tiefster seelischer Verlassenheit steigerte sich ins Unerträgliche. Ich wußte, daß ich sterben sollte. Der Gedankenblitz »Jetzt verlierst du die Besinnung« ließ mich fast erstarren. Es schrie in mir: »Ich will nicht sterben«. Plötzlich sah ich einen fließenden grauen Bach, vergaß alles um mich herum und war nur noch von dem Wunsch getrieben, von diesem Bach aufgenommen und getragen zu werden. In diesem Augenblick schüttelte mich ein heftiges Weinen, und mir wurde das körperliche, das seelische und das geistige Empfinden, jedes für sich, bewußt. Von meinem Körper sah ich jede einzelne Zelle, ihre Struktur, alle Organe und Nerven. Ganz deutlich konnte ich erkennen, daß aus dem seelischen Bereich eine Traurigkeit als Energie in meinen Körper floß und sich dort als Todesangst ausbreitete. Gleichzeitig empfand ich den dritten, den geistigen Bereich als mein Hohes Selbst. Aus ihm floß wie aus einer Schale Licht in den seelischen und den körperlichen Bereich. Tröstende, warme Impulse beruhigten mein Wesen. Das helle Licht legte sich wie ein Schutzmantel um mich und löste die Todesangst langsam auf.

Ich blieb noch eine Weile in dem tranceähnlichen Zustand, und als sich keine neuen Erlebnisse mehr einstellten, atmete ich tief aus. In mein Tagesbewußtsein kehrte ich erst zurück, nachdem ich alles niedergeschrieben hatte.
Drei Tage danach war ich bei meiner Mutter zu Besuch. Ich war keineswegs überrascht, als sie mir ohne jede Veranlassung erzählte, wie froh und dankbar sie heute sei, daß sie es nicht zugelassen hatte, daß man mich ihr wegnahm, als sie mich unter dem Herzen trug. Aus gesundheitlichen Gründen hatte man diese Schwangerschaft abbrechen wollen. Doch entgegen diesen Vernunftsgrün-

den setzte sie es beim Arzt auf eigenes Risiko durch, ihr Kind zu behalten. So erblickte ich dann, nach einer sehr schweren Geburt, das Licht der Welt.

Ich erinnere mich genau an ein Erlebnis, das ich im Alter von vier Jahren hatte und bei dem mir das Sterben in der Natur besonders naheging. Als ich einmal mit meiner Freundin im Garten spielte, riß sie eine Blüte ab und sagte zu mir: »Sieh mal, die schöne Blume!« Ich aber brach in Tränen aus und fragte sie: »Warum hast du die Blume getötet?« Ich nahm den Blumenstiel in die Hand, und dabei spürte ich, wie das Leben aus der Pflanze entwich. Es war, als wenn ich in meiner kindlichen Vorstellung eine Handvoll Wasser schöpfen und halten wollte, das sich dann zwischen den Fingern verlor. Genau so empfand ich das Sterben dieser Blume. Meine Freundin war so betroffen, daß auch sie zu weinen begann, und wir begruben gemeinsam die tote Blume.

Das tiefe Empfinden für das Leben und Sterben in der Natur verdanke ich meiner Mutter, die mich in vielen selbsterfundenen Geschichten den Respekt vor jedem Leben lehrte. Sie sagte immer, daß alles von Gott erschaffen sei und ich nicht das Recht hätte, Leben in der Pflanzen- und der Tierwelt zu vernichten. Sie tadelte mich, wenn ich auch nur eine Ameise zerdrückte, und bald verwehrte auch ich meinen Spielkameraden, Tiere, die wir als Ungeziefer bezeichnen, zu quälen oder zu töten. Wenn ich verletzte Tiere fand, zum Beispiel Engerlinge, Igel, Raupen oder Spinnen, brachte ich sie nach Hause und pflegte sie gesund. Meine Mutter erkannte jedem Leben Bewußtsein zu. Auch ein Stein lebt und hat seinen Sinn im göttlichen Plan, pflegte sie zu sagen. Damals schon faszinierte mich die Ausstrahlung der Steine, und wenn ich heute einen Stein an mein Ohr halte, nehme ich seine Schwingungen als Klänge wahr.

Daß Steine auch Heilkräfte besitzen, hat Hildegard von Bingen in ihrer Edelsteinmedizin dargestellt, die heute wiederentdeckt wird. Sie hat die kosmisch-mystische Entstehung der Edelsteine beschrieben und darauf hingewiesen, daß frühere Kulturen eine große Kenntnis von der Zusammensetzung und den Kräften der Steine hatten und sie bei Krankheiten, aber auch für kultische Zwecke einsetzten. Sie wußte, daß die Steine keineswegs »tot« sind, wie vielfach angenommen wird, sondern daß die Kraft der Elemente Feuer, Luft, Wasser und Erde als Energien in ihnen enthalten ist und durch Einwirkung beispielsweise der Sonne für Heilzwecke aktiviert und auf den Menschen übertragen werden kann.

Schon als Kind fiel mir auf, daß die Menschen mit dem Leben von Tieren und Pflanzen häufig recht unbedacht umgingen. Wenn aber ihrem eigenen Leben Gefahr drohte, wehrten sie sich mit allen Mitteln. Es schien, als würde ihnen erst in solchen Momenten bewußt, was der Tod bedeutet. Ihre Angst verblüffte mich. Warum konnten sie nicht nachempfinden, daß alles Leben leben will? Meine Mutter pflegte zu sagen, alles Leben, ob beim Menschen, beim Tier, bei der Pflanze oder in den Mineralien, sei vom gleichen Atem Gottes beseelt.

Die Erinnerung an viele Erlebnisse mit dem Sterben von Pflanzen, Tieren und Menschen geht bis in meine frühe Kindheit zurück. Im Laufe der Jahre reifte in mir der Gedanke, über die verschiedenen Formen des Daseins und den Übergang in andere Leben ein Buch zu schreiben.

In meiner Kindheit gab es noch den alten Brauch, Tote vor dem Haus aufzubahren. So geschah es auch, als mein Großvater starb. Alle Dorfbewohner kamen, um am Sarg vorbeizugehen, Weihwasser zu spritzen und Blumen niederzulegen. Auch ich wollte dies tun, obwohl ich schreckliche Angst hatte. Ich war damals kaum zwölf Jahre alt.

So nahm ich all meinen Mut zusammen, um nicht nur scheu und angstvoll am Sarg vorbeizugehen, sondern dabei auch meinen toten Großvater anzuschauen. Mein ganzer Körper zitterte vor Aufregung. Als ich jedoch in sein Gesicht blickte, sah ich ein Leuchten darin, und ich hatte den Eindruck, Licht würde mir entgegenfließen. In Tränen der Erleichterung löste sich meine Angst auf. Intuitiv spürte ich, daß es ihm gut ging, und ich war mir sicher, daß er sich beim lieben Gott wohlfühlte.

Ungefähr zur gleichen Zeit erkrankte eine Schulkameradin an Leukämie. Wir besuchten sie mit der ganzen Schulklasse mehrere Male im Krankenhaus. Dabei ist mir nichts Ungewöhnliches aufgefallen; sie sah nur körperlich geschwächt aus. Nach einigen Monaten durfte sie ins Elternhaus zurückkehren, und der Lehrer sowie die Eltern sagten uns, daß es ihr besser gehe und sie nun über den Berg sei. Zusammen mit einer Freundin besuchte ich sie zu Hause. Obwohl wir alle ausgelassen und fröhlich spielten, bedrückte mich ein eigenartiges Gefühl. Immer wieder mußte ich ihr Gesicht betrachten. Anders als bei meinen früheren Besuchen kam es mir ungewöhnlich durchsichtig und hell vor. Auch ihre Augen leuchteten seltsam. Weil sich niemand darüber äußerte, schwieg auch ich, beobachtete sie aber unaufhörlich.

Als ich mich von ihr verabschiedete, wußte ich, daß wir uns in diesem Leben nicht wiedersehen würden. Als ich ziemlich niedergedrückt nach Hause kam, sagte ich zu meiner Mutter: »Ich habe einen Engel im Gesicht der Schulfreundin gesehen, es hat so herrlich geleuchtet.« Ich fragte, ob das der Engel sei, der sie bald abholen würde. Meine Mutter tröstete mich mit den Worten, nur der liebe Gott kenne die Antwort, ich solle beten und ihm vertrauen. Zwei Wochen später trug man sie zu Grabe.

Eine andere Schulfreundin wurde eines Tages von einem Lastwagen erfaßt und war auf der Stelle tot. Nicht ihr Tod an sich beschäftigte mich so sehr, als vielmehr die Tatsache, daß die Eltern viele Jahre lang dieses Geschehen nicht verarbeiten konnten und ihre Mutter sogar in eine Nervenklinik gebracht werden mußte. Tag und Nacht beschäftigte mich die Frage, warum die Eltern nicht wußten, daß ihr Kind beim lieben Gott war. Nach vielen Monaten erst fand ich für mich eine Antwort: Die Eltern hatten nicht richtig mit Gott gesprochen und sich nie mit dem Sterben auseinandergesetzt. Meine Erklärung tröstete mich und ließ mich diesen Todesfall allmählich vergessen.

Auch im Religionsunterricht stellte ich unermüdlich Fragen im Zusammenhang mit dem Tod, dem Fegefeuer und der Hölle. Ich fürchtete mich und konnte mit den Antworten des Pfarrers und dem Gott, von dem er mir erzählte, nicht viel anfangen. Oft kam ich aufgelöst nach Hause. Meine Mutter beruhigte mich dann mit den Worten, für sie sei Gott ein liebender Vater, der weder jemanden in das Fegefeuer noch in die ewige Verdammnis schicke. Ich vertraute dem Gott meiner Mutter und nicht jenem des Religionslehrers und bin dankbar für alle Hoffnung und Zuversicht, die mich seit damals erfüllen und durch mein ganzes Leben begleiten.

Im Alter von zwölf Jahren erkrankte meine Schwester an Kinderlähmung. Sie ist bis heute an den Rollstuhl gefesselt. Eines Tages kam eine Hirnhautentzündung hinzu, und wir bangten um ihr Leben. Schon wieder mußte ich mich mit dem Gedanken des Sterbens auseinandersetzen. Jahrelang hatte ich ihren Leidensweg beobachtet und dabei auch selbst schwere innere Kämpfe durchlebt. Meine Schwester und ich lernten durch die Glaubenskraft meiner Mutter, daß jeder Mensch eine höhere Führung hat, die es gut mit ihm meint. Die Entwicklung meiner Schwester war beispielhaft: Sie nahm ihr Leiden an und gewann dadurch die Kraft, eine wärmende Sonne für andere zu werden. Seither kommen oft gesunde Menschen und suchen bei ihr Trost und Hilfe.

Während ich dies schreibe, fällt mir ein, daß ich als Kind für meine Schwester betete. Ich sagte jedoch nicht: »Lieber Gott, laß meine Schwester wieder gesund werden!«, sondern: »Lieber Gott, gib meiner Schwester und uns allen die nötige Kraft, das anzunehmen, was Dir richtig erscheint.« Unser Religionslehrer hatte uns immer wieder das bewußte Beten ans Herz gelegt. So war mir die Bitte des Vaterunsers »Dein Wille geschehe« zu einer Selbstverständlichkeit geworden und hatte es mir ermöglicht, diese Haltung einzunehmen.

Im Erwachsenenalter wurde ich durch einen Autounfall persönlich mit der Möglichkeit des Sterbens konfrontiert. Nach einem Frontalzusammenstoß lag ich bewußtlos auf der Straße. Gleichzeitig aber schwebte ich über meinem Körper, den ich am Boden liegen sah. Ich hörte Leute reden und beobachtete interessiert, wie ein Arzt erste Hilfe leistete. Einige Menschen versammelten sich am Unfallort; sie waren aufgeregter als ich. Ich wollte reden, aber sie hörten mich nicht. Nach einer Weile sah ich, wie sich der Himmel öffnete. Aus einer großen, runden Öffnung floß mir helles Licht zu. Ich fühlte mich in unbeschreiblicher Weise von diesem Licht angezogen. Ringsumher war Dunkelheit. Ein inneres Sehnen und eine tiefe Freude erfüllten mich so sehr, daß ich nur noch den Wunsch hatte, in diese Öffnung einzutauchen. Plötzlich aber spürte ich, wie mich etwas behutsam zurück in meinen bewußtlosen Körper schob. Ich war unfähig, Widerstand zu leisten, und empfand tiefe Traurigkeit.

Meine Erfahrungen im Zustand der Bewußtlosigkeit waren keine Einbildung, denn als ich im Krankenhaus zu mir kam, erzählte ich der Krankenschwester in allen Einzelheiten, was sich am Unfallort und bis zur Einlieferung ins Krankenhaus ereignet hatte. Ich erinnere mich, daß sie mich fassungslos ansah und fragte, woher ich dies alles wisse; ich sei doch eben erst aus meiner Bewußtlosigkeit erwacht. Überrascht und verlegen entschuldigte ich mich: »Ich muß wohl geträumt haben.« Kopfschüttelnd verließ sie mein Zimmer.

Damals, zur Zeit des Unfalls, befaßte ich mich nur mit Dingen, die ich sehen und anfassen konnte. Die tatsächlichen Zusammenhänge der Ereignisse während meines bewußtlosen Zustandes erkannte ich erst Jahre später, nachdem ich die Fähigkeit des Hellsehens entwickelt hatte.

Inzwischen gibt es viele Menschen, die klinisch tot waren, aber dank neuer medizinischer Erkenntnisse wiederbelebt werden konnten. Diese Menschen berichten eindrucksvoll von ihren Erlebnissen in der kurzen Zeitspanne des klinischen Todes oder der bloßen Bewußtlosigkeit und tun es überraschend oft mit den gleichen Worten, weil die Erfahrungen die gleichen sind.

Die tiefsten Einblicke in die Wirklichkeit geistiger Ebenen, in die der Mensch durch das Sterben hinübergeht, gewann ich durch das Hellsehen. Nach einer Entwicklung, die ich in meinem Buch *Lichtpunkt* beschrieben habe, kann ich in sogenannten Hellseh-Sitzungen außersinnlich wahrnehmen. Dabei setzt sich der Ratsuchende – ich kenne nur seinen Namen und weiß sonst nichts von ihm – mir gegenüber. Ich schließe die Augen und begebe mich in einen Zustand, der als Halb-Trance bezeichnet wird. Dann sehe ich seine Situation und seine Schwierigkeiten und kann ihm Lösungen, die ich ebenfalls sehe, aufzeigen.

Vor mehr als zehn Jahren begann ich mit diesen Sitzungen; schon bald zeigten sich mir auch verstorbene Verwandte der Besucher. Ich sah sie als nebelartige, leuchtende Gestalten, doch dem physischen Körper sehr ähnlich. Ich konnte mich mit ihnen gedanklich verständigen und meinem Gegenüber von ihrer jetzigen Existenz berichten. Wenn sich Verstorbene in Hellseh-Sitzungen freiwillig melden, tun sie es mit viel Freude und danken auch immer, daß sie sich über ein Medium mitteilen dürfen. Im besonderen wollen sie ihre Freude mit uns teilen, wenn sie erzählen, daß sie Freunde und Verwandte wiedergefunden haben. Ich habe die Erfahrung gemacht, daß sich viele Verstorbene melden, weil sie meinem Besucher einen für ihn gültigen Beweis vom Weiterleben nach dem Tode geben wollen. Den Wesen aus der Astralwelt ist es ein besonderes Anliegen, unserer Welt verständlich zu machen, daß auch sie leben.

Tatsächlich nehmen die Besucher aus den Sitzungen als wichtigsten Eindruck die Überzeugung mit, daß es einen Tod, wie wir ihn verstehen, überhaupt nicht gibt. Sie erkennen auch, daß es deshalb nicht möglich ist, einen Menschen zu töten, ob nun durch Mord, Erschießen oder Abtreibung, denn zerstörbar ist immer nur die äußere Hülle. Der Geist lebt weiter, entwickelt und manifestiert sich in neuen Formen und neuen Leben. Wer aber einen Menschen umbringt, schneidet ihm Möglichkeiten der Entwicklung auf diesem Planeten ab. Dadurch lädt er eine unermeßliche Schuld auf sich, die er in den grauen Astralzonen oder in weiteren Leben abtragen muß.

Andererseits möchte ich hier einfügen, daß nicht alle Verstorbenen gerufen werden können, entweder weil sie zu weit von unserer Sphäre entfernt sind, oder weil sie entwicklungsbedingt keinen Kontakt mit unserer Erde mehr wünschen, oder aber weil sie gewisse Ebenen nicht verlassen können. Wenn Seelen aus irgendwelchen Gründen sich nicht melden wollen, müssen wir ihren freien

Willen respektieren. Uneigennützige Liebe bringt mit der Zeit das Verständnis und die Kraft auf, diese Wesen durch Gebet und Loslassen in ihrer Entwicklung zu unterstützen.

Wiederum gibt es Verstorbene, die sich in Hellseh-Sitzungen zwar melden, aber ihren Namen nicht nennen können. Das kann verschiedene Gründe haben. Es gibt, wie ich noch erläutern werde, innerhalb der Astralwelt sieben Dimensionen. Wenn sich ein verstorbener Verwandter bereits bis in die vierte Dimension entwickelt hat, sind Erinnerungen an frühere Leben, die mit Namen, Häusern, Straßen und so weiter verbunden sind, ausgelöscht, wenn auch nur für die astrale Entwicklung, nicht für immer. Die Namen und Bezeichnungen dessen, was mit der irdischen Welt zusammenhängt, sind für die Wesen von der vierten Dimension an nicht mehr vorhanden. Das aus ihren Erfahrungen gewonnene Wissen jedoch und die Gefühle und Beziehungen, die sie gehabt haben, bleiben in ihrem Bewußtsein. Sie können ab der vierten Dimension die Namen deshalb nicht mehr nennen, weil dadurch Schwingungen erzeugt würden, die die Entwicklung behindern, aber auch für sie schmerzlich sind – so, als wenn wir den Finger in eine Steckdose hineinstecken.

Wenn sich ein Wesen meldet, empfindet es wohl mit Freude die innere seelische Beziehung, kann auch einer tiefen Zuneigung und Liebe Ausdruck geben, kann sich an Namen aber nicht erinnern, weil sie unbedeutend geworden sind. Ein solches Wesen hat aber wiederum die Möglichkeit, ein anderes Wesen als Sprecher herbeizuziehen, das sich an den Namen und die den Menschen auf unserer Welt wichtig erscheinenden Dinge erinnern kann. Es vermittelt gewissermaßen als Übersetzer die Botschaft an den Besucher. So kommt manchmal doch eine Kommunikation zustande. Allerdings haben nicht alle Wesen sich die Möglichkeit erarbeitet, solche Sprecher heranzuziehen.

Es kann aber auch sein, daß ein Wesen in der vierten Dimension keinen Sprecher wünscht. Dann nennt es sehr oft einige Buchstaben seines früheren Namens oder aber des neuen Namens, den es in der astralen Dimension führt. In der vierten Dimension haben noch fast alle Wesen Namen, nicht aber mehr in den nächsthöheren Dimensionen, wenn sie nur noch Energieformen mit Bewußtsein sind. Oft kommen Besucher zu Hellseh-Sitzungen mit dem einzigen Wunsch, mit einem Verstorbenen, den sie sehr liebten, in Kontakt zu kommen. Wenn sich dann ein anderes Wesen meldete, zu dem sie keine seelische Beziehung hatten oder mit dem sie zu Lebzeiten gar in Streit waren, stießen sie es zurück mit der Begründung, ausgerechnet diesen Verstorbenen hätten sie nie leiden mögen. Hier wendet mein Helfer viel Liebe und Geduld auf, um eine Brücke zu schlagen, damit die Besucher die irdischen Geschehnisse verzeihen. Dadurch helfen sie dem Verstorbenen, die seelischen Schwingungen zu harmonisieren. Sie selbst lernen dabei das Verzeihen im höheren Sinne, was für ihre eigene seelische Entwicklung von Bedeutung ist. Sie lernen gleichzeitig, den Verstorbenen, den sie sich zunächst so sehr gewünscht und den sie über Jahre unbewußt an sich gebunden und in der Entwicklung behindert hatten, loszulassen. In anderen Sitzungen wiederum hat sich herausgestellt, daß manche Wesen aus der astralen Welt ihren Namen deshalb nicht nennen können, weil sie aus den grauen Zonen noch nicht weit genug ins Licht aufgestiegen sind.

Das Beispiel mit der Namensnennung zeigt, daß die Verhältnisse in den astralen Dimensionen für uns Menschen manchmal nicht leicht verständlich sind. Manche Besucher stolpern nur deshalb über solche Dinge wie die

Namensnennung, weil sie ihre Zweifel an der Weiterexistenz nach dem Tode noch nicht im Glauben aufzulösen vermochten. Wegen solcher Kleinigkeiten wie Namen und Bezeichnungen können ihnen manchmal die wirklich wichtigen Dinge einer Sitzung und der Sinn des Ganzen entgehen.

Der Ätherleib
und die Energiezentren

Der sogenannte Ätherleib wird von Sensitiven als nebelartige feinstoffhaltige Materie von bläulicher Ausstrahlung wahrgenommen. Er durchdringt den physischen Körper und überragt ihn um etwa drei Zentimeter. So bildet er zugleich eine schützende Hülle, die solche kosmischen Energien und Einstrahlungen abhält, die dem Menschen schaden würden. Hätten wir diesen Schutz nicht, würden wir unter der Einstrahlung der Sonne verbrennen. Das ist den wenigsten Menschen bewußt. Der Schutz liegt also nicht nur in der Haut des physischen Körpers, sondern vor allem in der ihn umhüllenden Schicht des Ätherleibs. In ähnlicher Weise wird der Körper unseres Planeten durch die Ozonschicht vor unzuträglichen Strahlen geschützt.

Es gibt Übungen, die es jedem Menschen ermöglichen, die Ausstrahlung seines Ätherkörpers auf einfache Art zu spüren. Wenn wir die Hände mit den Innenflächen gegeneinander halten, etwa in einem Abstand von zwanzig Zentimetern, und sie dann behutsam einander annähern, ohne daß sie sich berühren, stellen wir in dem Augenblick, wo der Ätherkörper beider Hände zusammenstößt, einen ganz leichten Widerstand fest. Dies geschieht, wenn der Abstand noch etwa sechs Zentimeter beträgt. Es empfiehlt sich, die Augen bei der Übung zu schließen. Macht man die Übung über einen längeren Zeitraum täglich mehrere Minuten, entwickelt man die eigene Empfindsamkeit, und der Ätherkörper wird als etwas Lebendiges fühlbar.

Wenn wir uns in die Mitte eines dunklen Raumes stellen und uns sehr langsam und vorsichtig mit ausgestreckten Armen auf eine Wand zubewegen und dies in dem Bewußtsein tun, daß der Ätherkörper zuerst anstößt und diesen Impuls unserem Gehirn weiterleitet, werden wir feststellen, daß wir wenige Zentimeter vor der Wand anhalten. Manche Menschen können mit solchen Übungen ihre Fühligkeit so steigern, daß sie sich auch im Dunkeln mit einiger Sicherheit bewegen können.

Der Ätherkörper hat also in erster Linie eine Schutzfunktion. Er beherbergt aber zugleich die Energiezentren, auch geistige Zentren oder Chakras genannt. Das sind die Stellen im Ätherleib, an denen sich die Ströme unserer Lebensenergie in besonderer Weise konzentrieren. Über die unzähligen haardünnen Energiezotten des Ätherleibs, die mit den Kapillaren, den feinsten Ausfächerungen unseres Nervensystems, verbunden sind, sowie insbesondere über die Chakras nimmt der Mensch jene kosmischen Energien auf, die für das seelisch-geistige Wohlbefinden und die Gesundheit der Organe von entscheidender Bedeutung sind. Aber auch alle anderen Schwingungen, wie zum Beispiel die eines Waldes oder eines Sees, nehmen wir mit den Energiezentren auf. Wenn wir die Ausstrahlungen unserer Mitmenschen im positiven oder negativen Sinne spüren, sprechen wir von Sympathie oder Antipathie.

Die meisten Leser werden schon einmal erlebt haben, daß sie sich in einer großen Menschenmenge unwohl fühlten. Der Grund ist darin zu sehen, daß viele unterschiedliche Ausstrahlungen in einer Überdosis auf sie einströmten, und zwar vor allem über das Energiezentrum in der Magengegend, das Sonnengeflecht. Überstarker Lärm schmerzt uns nicht nur in den Ohren, sondern häufig schützen wir unser Sonnengeflecht unbewußt mit den Händen. Die Energiezentren können sich öffnen und

Unsere geistigen Zentren (Chakras)

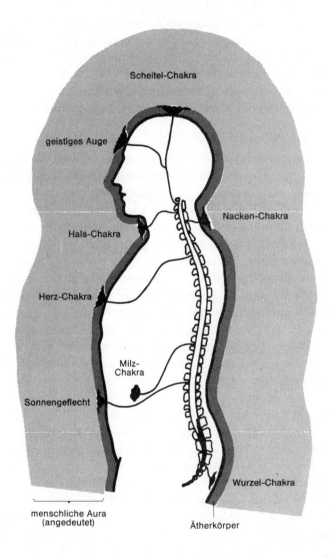

schließen wie Ventile und regulieren so den Zustrom der Energien, die von außen auf uns einwirken. Die Energiezentren können sich aber auch verkrampfen, zum Beispiel durch seelisch nicht verarbeiteten Streß, durch langanhaltende Traurigkeit, aber auch durch bestimmte Wettereinflüsse und vieles andere mehr. Dann wird die Ventilfunktion beeinträchtigt. Das kann so weit gehen, daß die Energiezentren im geschlossenen oder im geöffneten Zustand blockieren.

Mein Mann, der als geistiger Heiler tätig ist und mit seinen Händen die Schwingungen der Energiezentren spürt, hat immer wieder feststellen können, daß bei Krankheiten seelischer Natur die Chakras meist im geschlossenen Zustand blockiert sind. In diese Kategorie gehören Depressionen, Introvertiertheit, Unsicherheit und schmerzhafte vegetative Störungen. Die Menschen empfinden dann so etwas wie einen inneren Zwang, können sich nicht aussprechen, fühlen sich wie in sich eingeschlossen und sagen bei Hemmungen wohl auch: »Ich bringe nichts raus.« Sie sind dann »zu«, auch nicht aufnahmefähig für Liebeszuwendungen und Hilfen der Mitmenschen.

Bleiben hingegen die Energiezentren starr offen, fließen Schwingungen aus dem Kosmos und aus der Umwelt unfiltriert in den Körper, und die Organe können diese nicht mehr verarbeiten. Dann fühlen sich die Menschen häufig körperlich kraftlos und nervlich überlastet. Hält dieser Zustand über längere Zeit an, werden die Organfunktionen beeinträchtigt. Verschiedenartige Schmerzen können auftreten, ohne daß der Arzt sie durch einen körperlichen Befund diagnostizieren kann. Oft kommen sich Patienten dann als Simulanten vor; sie produzieren wohl auch eine Krankheit, um ernstgenommen zu werden. Durch die Überreizung der Nerven sind diese Menschen so aufgeladen, daß sie beispielsweise Mühe haben, stillzusitzen; sie reden ständig, können sich nur schlecht konzentrieren, rennen auch statt zu gehen. Es kommt auch vor, daß Menschen, obwohl sie genügend geschlafen haben, am Morgen ganz zerschlagen aufwachen. Der Grund kann darin liegen, daß sich die Energiezentren des Nachts durch eine Veränderung der Wetterlage verkrampft haben und die kosmischen Einstrahlungen unfiltriert aufgenommen wurden.

Es gibt Menschen, die behaupten, daß sie im Ätherkörper, zum Beispiel an den Beinen, kranke Schwingungen wahrnehmen. Die Ätherschicht um den Menschen herum – das ist ein kosmisches Gesetz – ist aber immer intakt, und zwar aus Gründen des Schutzes vor schädlichen Einflüssen. Lediglich die Ventile der Energiezentren strahlen kranke Schwingungen aus. Die Zentren versuchen im Krankheitsfalle dann auch vermehrt, kosmische Energie anzuzapfen. Ein energetisches Magnetfeld, ein Strahlenring in der äußersten Schicht der Energiezentren, hält negative Energien vom Ätherkörper fern.

Gegen das unfiltrierte Einströmen schädlicher Schwingungen können wir uns auch bewußt schützen, und zwar durch das sogenannte Schließen der Energiezentren. Das ist den meisten Menschen nicht bekannt. Bevor wir uns den täglichen Energieeinflüssen aussetzen, aber auch bevor wir uns Schlafen legen, kann uns eine einfache Schließübung in der nötigen Weise schützen.

Wir halten zunächst beide Hände in der Magengegend übereinander, ohne daß sie den Körper berühren. Wir behalten sie übereinander und fahren mit ihnen den Körper hoch über den Kopf, den Scheitel, bis hin zum Genick. Dann lösen wir die Hände voneinander und gehen zurück in die Anfangsposition. Dieses Streichen über den Ätherkörper wiederholen wir zehn bis fünf-

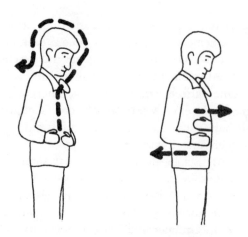

zehn Mal. Diese Übung hat nur einen Sinn, wenn man sie mindestens jeden Morgen nach dem Erwachen und jeden Abend vor dem Zubettgehen macht. Es empfiehlt sich, das *Sonnengeflecht* als ein ganz wichtiges und bei allen Menschen ausgebildetes Energiezentrum jedesmal zusätzlich separat zu schließen. Dies tun wir in der Weise, daß wir von der Ausgangsposition her mit der rechten Hand seitwärts an der rechten Bauchseite entlangfahren und gleichzeitig mit der linken Hand links am Körper entlangfahren. Wir bringen dann die Hände wieder zusammen und wiederholen diese Übung zwei- bis dreimal.

Es kann auch jedes weitere Energiezentrum einzeln geschlossen werden. Bei Rücken- und Beinschmerzen schließen wir das *Wurzelzentrum*, das am Steißbein liegt. Wir legen beide Hände mit den Handflächen nebeneinander in die Steißbeingegend und bewegen sie über das Becken nach vorn bis zur Hüfte, wobei die Hände durchaus den Körper berühren dürfen, kehren wieder in die Ausgangsposition zurück und wiederholen den Vorgang zehn- bis fünfzehnmal.

Bei Beschwerden des Herzens oder der Atemwege legen wir die rechte Hand auf die Mitte der Brust, das heißt auf das *Herzenergiezentrum*, fahren mit ihr langsam über das linke Schultergelenk und den nach vorne gestreckten linken Arm hinunter bis über das Ende der Finger hinaus. Auch dies wird zehn- bis fünfzehnmal wiederholt.

Bei Schmerzen am Hals, im Kopf oder Genick hält man beide Hände übereinander am *Halszentrum*, ohne daß sie den Körper berühren, und fahren wie beim oben beschriebenen Gesamtschließen über die Stirn, also das *geistige Auge*, über das *Scheitelzentrum* bis hin zum *Genickzentrum* und lösen die Hände hinten am untersten Ende des Genicks voneinander. Bei einem beginnenden Kopfschmerz sollte man diese Schließübung sofort vornehmen und sie so lange ausführen, bis der Schmerz ausgeglichen ist.

Generell ist zu sagen: Es besteht keine Gefahr, daß man sich zuviel schließt, weil sich die Energiezentren bei Bedarf automatisch wieder öffnen. Das Schließen bewirkt kein Sich-Verschließen, sondern es reguliert den Energiefluß zwischen dem physischen und dem Ätherkörper. Die stromleitende Verbindung zwischen beiden ist dadurch, wie im Elektrizitätswesen, geerdet. Das Schließen des Ätherkörpers ist so wichtig wie das tägliche Waschen des physischen Körpers. Ja, es empfiehlt sich, die Schließübungen mehrmals täglich auszuführen, besonders aber dann, wenn man in eine große Menschenmenge geht. Wir werden bald das Gespür dafür entwickeln, bei welchen Anlässen ein zusätzliches Schließen angezeigt ist. Bevor wir ein wichtiges Gespräch führen, wenn besondere Konzentration von uns gefordert ist, wenn wir eine schlechte Nachricht erhalten haben oder durch Beschimpfungen schockiert worden sind – immer dann sollten wir uns neben der Übung am Morgen und Abend zusätzlich schließen. Für alle Menschen, die mit Patienten zu tun haben, ist das Schließen außerordentlich wichtig, damit sie gegen die geballte negative Energie, zum Beispiel in einem Krankenhaus, selbst widerstandsfähig bleiben. Auch bei Epidemien wie Grippe verringert sich die Ansteckungsgefahr bei regelmäßigem Schließen.

Da es nicht in allen Situationen möglich ist, sich manuell zu schließen, genügt es auch, wenn wir dies in unserer Vorstellung tun, das heißt, uns das manuelle Schließen bildlich vorstellen; denn jede Vorstellung ist eine von uns erzeugte Energie. Durch dieses geistige Schließen können wir, zum Beispiel, wenn wir verbal angegriffen werden, die Schwingungen in besonderer Weise filtern, so daß sie uns in unserem Innersten nicht treffen. So werden wir in der Lage sein, gelassen und ruhig zu reagieren. An dieser Stelle wird vielleicht verständlich, daß das Schließen auch von der Schulung des Bewußtseins her gesehen wichtig ist.

Lehrer, die das Schließen in spielerischer Weise mit ihrer Klasse täglich übten, haben mir berichtet, daß die Kinder aufnahmebereiter, konzentrierter und im allgemeinen ruhiger dem Schulunterricht folgten und auch vor Prüfungen weniger Angst hatten.

Das Schließen ist durchaus auch im unbewußten Verhaltensrepertoire des Menschen enthalten. Wenn wir mit unserem Körper irgendwo angestoßen sind, ist an dieser Stelle das Schwingungsfeld des Ätherkörpers gestört, es ist wie eine Delle, und ganz instinktiv schließt sich der Mensch, indem er mit seiner Hand über diese Stelle streicht. Eine Mutter sagt intuitiv zum Kind, wenn es gefallen ist: »Komm, wir blasen mal drüber.« Auch dieses Blasen ist ein Egalisieren des verletzten Schwingungsfeldes. Eine Mutter, die einem weinenden Kind mit der Hand über den Kopf fährt, schließt dessen Scheitelchakra. Im Grunde genommen ist auch das Kreuzzeichen ein gewisser Schließakt, denn wir berühren bestimmte Energiezentren, wenn wir das Kreuz schlagen.

Das Jahrtausende alte Wissen der Menschheit um die Bedeutung der feinstofflichen Organe, das trotz Paracelsus bedauerlicherweise in der westlichen Welt verlorenging, stößt heute überall wieder auf verstärktes Interesse. Wir müßten uns auch erneut bewußt werden, welche Bedeutung die geistigen Zentren für unser Gefühlsleben haben. Ein Wort, das uns erreicht, ist eine Energie, die über die Chakras als Schwingung dem Gehirn zugeführt wird, so daß wir die Gefühle umwandeln und zum Ausdruck bringen können. Zu einer solchen Auswertung der Gefühle wären wir sonst nicht in der Lage. Tiere, die nur fünf Energiezentren haben, können nicht reden, weil ihre beiden wichtigsten Chakras diesen Energieumwandlungsprozeß nicht zustande bringen.

Der Austausch der Gefühle findet hauptsächlich über das Sonnengeflecht, das Herz- und das Halszentrum statt. Dies kommt auch in vielen volkstümlichen Wendungen zum Ausdruck. Es heißt zum Beispiel: »Das schlägt mir auf den Magen«, »Es drückt mir das Herz ab«, oder »Es stockt mir der Atem«. In Wirklichkeit wird hierbei durch ein positives oder negatives Erlebnis eine Überdosis an Schwingungen vermittelt.

Besonders aufnahmefähig über die Energiezentren sind Kinder. Manche sind so sensibel, daß sie schon weinen, wenn sie in der Schule nur aufgerufen werden. Für ihr Sonnengeflecht sind die Worte des Lehrers Schwingungen von solcher Wucht, daß sie sie wie Hiebe empfinden. Die Überdosis der Energien, die sie vom Lehrer aufnehmen, löst Angst in ihnen aus. Durch die Tränen wird die

Angst auf natürliche Weise ausgeglichen, und die Energiezentren schwingen wieder normal. Das ist der Grund, warum die Kinder durch das Weinen Erleichterung verspüren. Häufig werden sie, wenn auch erfolglos, ermahnt, nicht ständig zu heulen. Hilfreich wäre es, wenn man Verständnis zeigte, daß sie durch den Lehrer erschrecken, obwohl er es nicht böse meint. Wichtig wäre sodann, ihnen liebevoll und in spielerischer Weise zu erklären, daß nichts mehr weh tut und sie stark sind, wenn sie durch das Schließen einen Schutzschild bekommen. Für das Kind ist es ganz natürlich, sich diesen Schutzschild vorzustellen, weil Kinder sich alles vorstellen können, zum Beispiel beim Spielen nicht vorhandene Tische, Stühle, Personen und alles, was sie für ein Spiel brauchen. Für ein Kind ist, wie wir wissen, ein Stück Holz jetzt eine Puppe, dann ein Pferd. Die Kinder können sich selbst heute vielfach nicht beschäftigen, weil die vielen Spielsachen ein Hindernis für ihre eigene Phantasie geworden sind.

Ich bin immer wieder entrüstet, wenn Eltern in Hellseh-Sitzungen behaupten, ihr Kind lüge, und dann bei mir Rat holen möchten, wie sie dies abstellen können.

Wenn ein Kind sagt, die Schnecke habe zu ihm gesprochen, belehren viele Eltern ihre Kinder, ja tadeln sie teilweise mit der Behauptung: »Eine Schnecke kann nicht sprechen. Das darfst du nicht sagen!« Die Wahrheit aber ist, daß das Kind die genannte Schnecke nicht nur als körperliches Wesen wahrnimmt, sondern sie in ihrer ganzen Zusammensetzung von Schwingungen erfaßt und tatsächlich das, was die Schnecke zum Ausdruck bringt, als Sprechen empfindet.

Eines Tages besuchte mich die Mutter eines vierjährigen Kindes. Sie war nur daran interessiert, herauszufinden, warum es so schrecklich lüge. Das Kind behaupte, zwei Blumen zu sehen, wenn es nur eine gäbe. Diese

Doppelsichtigkeit, wie die Mutter das nach einem Arztbesuch nannte, sei medizinisch nicht zu beheben. Schon bald sah ich das Kind vor meinem geistigen Auge und konnte es auch beschreiben. Als ich seine Schwingungen aufgenommen hatte, erhielt ich von der geistigen Welt die Information, daß dieses Kind keineswegs lüge, wie seine Mutter glaube, sondern durch seine Fähigkeit zur außersinnlichen Wahrnehmung die feinstoffliche Ausstrahlung von Gegenständen und die Aura von Tieren und Pflanzen in der Natur wahrnähme. Es war davon überzeugt, daß alle Kinder das sähen. Weil es als Lügnerin beschimpft worden war, hatte es krankhafte Angstzustände entwickelt. Ich durfte der Mutter die außersinnliche Wahrnehmungsfähigkeit ihres Kindes erklären und riet ihr, von nun an ihrem Kind gegenüber das nötige Verständnis zu zeigen. Binnen weniger Wochen war sein inneres Gleichgewicht wiederhergestellt.

Wer das Treiben auf den Schulhöfen beobachtet, kann feststellen, in welchem Ausmaß die Jugendlichen glauben, sich durch Schlägereien, also handgreiflich, beweisen zu müssen. Sie lernen im Elternhaus heute fast nicht mehr, daß man sich auch geistig messen kann. Ich führe das darauf zurück, daß im Kleinkindesalter die Vorstellungskraft und die Empfindungsfähigkeit dadurch ausgetrieben werden, daß man ihnen einen falschen Wahrheitsbegriff aufzwingt und ihre Sensibilität verdrängt. Diese paßt nicht in das nüchterne, materialistische Weltbild der Erwachsenen hinein, die nur gelten lassen wollen, was mit den fünf Sinnen wahrnehmbar ist. Heißt es aber nicht in der Bibel: »Wenn ihr nicht werdet wie die Kinder, werdet ihr nicht in das Himmelreich eingehen«?

Wenn Kinder also »phantasieren«, sollten wir uns vor Augen halten, daß sie noch eine höher-entwickelte Aufnahmefähigkeit besitzen, die uns Erwachsenen durch die

Beschränkungen des Verstandesdenkens weitgehend abhanden gekommen ist. Statt diese besondere Fähigkeit autoritär zu blockieren, sollte man sich die Mühe machen, das nachzuempfinden, was das Kind als Erlebtes berichtet. Damit schaffen wir die Grundlage für ein gegenseitiges Vertrauen. Wir sollten die Kinder nicht nur er-ziehen, sondern sie in ihrer Intuition und Sensibilität ermutigen und ihnen zeigen, daß wir ihre Welt verstehen und uns in ihr wohlfühlen.

In diesem Kapitel habe ich zunächst die Schutzfunktion des Ätherkörpers und die Ventilfunktion der in ihm eingebetteten Energiezentren erläutert. Wir haben gesehen, daß die Energiezentren auch dazu dienen, kosmische Energie als Nahrung für unseren Körper aufzunehmen. Daneben geben wir über sie die verbrauchte Energie wieder an den Kosmos ab. Hier geschieht im feinstofflichen Körper das gleiche wie im physischen – wie beispielsweise beim Ein- und Ausatmen über die Lungen. Des weiteren leiten die Chakras die aufgenommene kosmische Energie über die Drüsen an die Körperorgane weiter. Die naturwissenschaftliche Medizin hat gerade erst begonnen, diese Zusammenhänge zu entdecken. Ohne Energiezentren wären wir zudem nicht in der Lage, Gefühle aufzunehmen und sie auszusenden. Ebensowenig könnten wir uns seelisch-geistig entfalten, da die außersinnliche Wahrnehmung über die Chakras läuft. Schließlich bestimmt das Wachstum der Energiezentren unser geistiges Bewußtsein.

Zu wenig ist den Menschen bekannt, daß die Bewußtseinsentwicklung mit der Ausbildung der Energiezentren zu tun hat. Wenn der Mensch einen geistigen Reifungsprozeß durchläuft, erweitern sich die Energiezentren, und ihre Schwingungsfrequenz erhöht sich. Dadurch wird er fähig, wie mit einem Radio auf mehreren

Wellenlängen zu empfangen. Wie wir alle wissen, kann das eine Gerät nur Ultrakurzwellen, das andere aber auch Mittel- und Langwellen empfangen. Durch Meditation, Autogenes Training, Yoga oder ähnliche Übungen wird nicht nur die Ausstrahlung der Energiezentren stärker, sondern es blühen alle Chakras besser auf, und zwar gleichmäßig und harmonisch aufeinander abgestimmt. Bei Menschen, die sich nicht um eine innere Entwicklung bemühen, sind die Energiezentren nicht nur weniger, sondern auch ungleichmäßig entfaltet. Die Ausstrahlungen stellen dann ein unkontrolliertes Schwingungsbündel dar. Dies hat zur Folge, daß solche Menschen für Krankheiten anfälliger sind und sie auch viel weniger schnell überwinden.

Auch mein Mann fand als geistiger Heiler diese Gesetzmäßigkeiten immer wieder bestätigt. Er stellte fest, daß das Sonnengeflecht und das Scheitelchakra in aller Regel gleich stark entwickelt sind, während das Wurzelzentrum und das geistige Auge bei fast allen Menschen verkümmert sind. In solchen Fällen besteht die wichtigste Aufgabe eines geistigen Heilers darin, die Schwingungen der Energiezentren auszugleichen und untereinander zu harmonisieren.

Im Kapitel über die geistigen Dimensionen werde ich über energetische Seinszustände aus Zonen berichten, in denen es keine Empfindungen mehr gibt, die mit unseren menschlichen vergleichbar wären. Aus diesem Grund ist auch ein Verständnis für diese Seinszustände kaum möglich. Hier bleibt dem Leser nur, das Geschriebene schwingungsmäßig über seine Energiezentren aufzunehmen. Wer diese Bereitschaft hat, wird eine tiefe innere Freude und Trost empfinden.

Die Körper des Menschen

In Meditationsübungen über viele Jahre hin und durch meine Hellseh-Sitzungen habe ich erfahren, daß der Mensch außer dem physischen Körper, den er in der Regel als einzigen wahrnimmt, und neben dem Ätherleib einen Astral-, einen Mental- und einen Kausalkörper hat. Der physische Körper ist mit dem Astralkörper durch eine »Silberschnur« verbunden, die häufig mit der menschlichen Nabelschnur verglichen wird. Die Existenz des physischen Körpers ist vom Astralkörper abhängig. Wird die Silberschnur zwischen beiden getrennt, stirbt der physische Körper. Der Astralkörper wiederum ist in seiner Existenz vom Mentalkörper abhängig.

Der feinstoffliche Astralkörper ist das Ebenbild des physischen Körpers und nimmt den gleichen Raum ein. Er ist der Träger der astralen Seelenbewußtsein des Menschen und lebt nach dem Tod in der Astralwelt weiter; das heißt: Wir legen bei dem Übergang, den wir Tod nennen, nur die physische Hülle des grobstofflichen Körpers ab und entwickeln uns im Astralbereich weiter. Wir durchschreiten auf unserem Reifungs- und Läuterungsweg die verschiedenen Astralebenen, um schließlich auch den Astralkörper abzulegen. Dies geschieht, wenn alle unsere astralen Seelenbewußtsein den Durchbruch in die mentale Schwingungsebene geschafft haben. Die weitere Entwicklung führt dann in die Kausalebene, bevor sich der Mensch wieder ganz mit dem Göttlichen vereint.

Man kann die Entwicklung von der Astral- in die Mentalebene hinein mit dem Geschehen bei der Geburt eines Menschen auf unserer Erde vergleichen. Beim Sterben des Astralkörpers werden alle Erfahrungen, die der Mensch in den vielen Leben auf der physischen oder der astralen Ebene gesammelt hat, abgestoßen – so wie sich das neugeborene irdische Wesen vom Mutterkuchen trennt, den es zur Existenz auf diesem Planeten nicht mehr braucht. Wenn wir uns all dessen entledigt haben, was sich an Lern- und Erfahrungsprozessen unserem feinstofflichen Astralkörper eingeprägt hat, leben wir im sogenannten Mentalleib, einer reinen Lichthülle, in der unser Bewußtsein sich nur noch an Gott erinnert, weiter. Da aber im Universum nichts verloren geht, bleiben unsere menschlichen Erfahrungen im Astralbereich erhalten. Ja, alles was je geschah, was geschieht oder geschehen wird, besteht als Prägung im Astralbereich, den man als feinstoffliche Bibliothek des Universums, als Weltgedächtnis bezeichnen kann. Dieser Aspekt des Astralbereichs wird häufig auch Akasha-Chronik genannt. Ein hellsehendes Medium, das außersinnlich wahrnimmt, kann darin »lesen«. Dies macht verständlich, warum es vom Besucher gewünschte Informationen abrufen kann, die im Verstandeswissen des Mediums und des Ratsuchenden nicht enthalten sind – Informationen, die sich auf die Vergangenheit, die Gegenwart oder die Zukunft beziehen.

Die Silberschnur, die den physischen mit dem astralen Körper verbindet, ist nicht wie eine starre Kette, sondern unendlich weit dehnbar. Deshalb kann sich der Astralleib unter bestimmten Bedingungen vom irdischen Körper lösen und auf Reisen gehen. Dieser »Austritt« ist von Menschen in allen Kulturkreisen und in allen Epochen beschrieben worden. Im Schlaf erleben die Menschen regelmäßig, auch wenn es ihnen nicht bewußt ist, Reisen ihres

Astralkörpers in seine heimatlichen astralen Sphären. Der Körper liegt dann starr und unbeweglich, und das Tagesbewußtsein ist ausgeschaltet.

Im Wachzustand des Menschen verläßt der Astralkörper den physischen Leib nicht, weil ein solcher Austritt Bewußtlosigkeit zur Folge hätte. Erfolgt aber ein Austritt durch Schock oder andere äußere Einflüsse wie Krankheit oder Unfall, fällt der Mensch in einen komaähnlichen Zustand. Solange die Silberschnur mit dem Körper verbunden bleibt, lebt der Mensch weiter. Auch im Bewußtlosen- oder im Komazustand ermöglicht es uns der Astralkörper mit seinen Seelenbewußtsein, daß wir die äußeren Geschehnisse wahrnehmen und im höheren Selbst uns bewußt bleiben. Wohl agieren die physischen Sinne und der Verstand nicht mehr, aber durch unseren Astralkörper mit seiner außersinnlichen Wahrnehmung sind wir unabhängig davon. Das höhere Bewußtsein ist also in seiner Funktion nicht auf das Gehirn angewiesen. Sicher erinnern Sie sich nun an die Schilderung meines Autounfalls.

In diesen Zusammenhang gehört ein Erlebnis, das ich als siebzehnjährige Hilfsschwester in einem Krankenhaus hatte. Ich betreute neben anderen Patienten eine Frau, die seit über einem Jahr im Koma lag. Ein Blutgerinnsel im Kopf hatte diesen schrecklichen Zustand verursacht. Sie wurde künstlich ernährt und zeigte während der ganzen Zeit keinerlei Reaktionen. Man konnte weiter nichts für sie tun, als sie körperlich zu pflegen und mehrmals täglich ihre Lage im Bett zu verändern, damit sich vom langen Liegen nicht noch mehr Wundstellen bildeten. Dreimal wöchentlich kam ihr Mann zu Besuch. Ich empfand große Bewunderung für ihn und fragte mich des öfteren, warum er sie so regelmäßig besuchte, obwohl sie, wie mir schien, überhaupt nichts wahrnehmen konnte.

Eines Tages sprach er mich an und beantwortete meine Frage, ohne daß ich sie ihm stellen mußte. Fast verlegen blickte ich in sein gütiges Gesicht. Er wollte mich davon überzeugen, daß ihn seine Frau erkenne und seine Anwesenheit spüre. Es sei auch schon vorgekommen, daß sie sehr unruhig geworden sei, als er das Zimmer betrat, und sich sofort wieder beruhigt habe, wenn er sie tröstete. So versuche er, ihr noch zu geben, was ihm möglich sei. Seine Worte ergriffen mich tief, obwohl ich seine Äußerungen nicht verstand. Ich selbst konnte während der monatelangen Pflegezeit nie eine Reaktion der Kranken in Form von Unruhe feststellen.

Als ihre Zeit des Sterbens nahte, stieß die Patientin plötzlich eigenartige Laute aus und wurde zu unserem Erstaunen sehr unruhig. Ich mußte den Ehemann verständigen, der alsbald eintraf. Als er zur Türe hereinkam, beruhigte sich seine Frau sofort. Wie angewurzelt blieb ich im Zimmer stehen. Liebevoll wischte er ihr das Gesicht ab und sagte, daß sie sich nun voneinander zu verabschieden hätten. »Doch wir werden uns wiedersehen«, sagte er unter Tränen. Da glitt ein Lächeln über ihr Gesicht, und ein unbeschreiblich schönes Leuchten ging von ihr aus. Mir war, als würde sich das Zimmer mit hellem Licht füllen. Er hielt ihre Hand. Ihre Züge glätteten sich, und die Verkrampfung wich aus ihrem Körper. Ich fühlte und sah, daß sie bereit war, ihn loszulassen. Für einen kurzen Augenblick öffnete sie die Augen und schaute mit einem alles durchdringenden Blick wie in eine andere Welt. Es schien mir, als sähe sie in höhere Dimensionen. Sie machte einen tiefen Atemzug, und ich beobachtete, wie sie mit dem Ausatmen im wahrsten Sinne des Wortes ihr Leben aushauchte – voller Harmonie und seliger Ruhe.

Damals verstand ich die Zusammenhänge des Geschehens nicht, obwohl sich mir die Wahrheit des Erlebten tief einprägte. Heute ist mir klar, daß während ihres Komazustandes der Astralkörper ausgetreten, die Silberschnur aber mit ihrem physischen Leib in Verbindung geblieben war. Immer wenn ihr Mann sie besuchte, nahm sie über die Energiezentren seine Schwingungen auf. Diese flossen über das Rückenmark als ihr vertraute Impulse zum Gehirn. Obwohl sie darauf nicht vom Verstand her reagieren konnte, löste das Gehirn eine körperliche Unruhe als freudige Erregung aus.

Auch ein Kleinkind, dessen Verstand noch unentwickelt ist, nimmt in den ersten Lebensmonaten alles gefühlsmäßig, das heißt über die Energiezentren, auf. Die Liebeszuwendungen der Mutter sind Schwingungen, die – wie oben beschrieben – dem Gehirn als Impulse zugeführt werden, was dann beim Kind die körperliche Bewegung eines Lächelns oder Ärmchenhebens auslöst. Das unverbildete Kind hat noch eine besonders ausgeprägte außersinnliche Wahrnehmungsfähigkeit.

Für die beschriebene Patientin war es sicherlich eine Erlösung, daß sie durch die Abtrennung der Silberschnur vom physischen Körper in so friedlicher Weise in die andere Dimension hinübergehen durfte.

Jetzt möchte ich noch eine andere Bedeutung der Silberschnur erläutern. Wir sprechen zu Recht vom »göttlichen Funken« im Menschen. Das göttliche Licht fließt als Lebensenergie aus dem Urkern durch die Silberschnur bis hinunter in unsere irdische Sphäre. Hierbei können wir uns die Silberschnur als einen elektrischen Leiter vorstellen. Durch ihn fließt aus dem Urkern Lebensenergie, die sich in der mentalen, der astralen und der physischen Ebene zunehmend zum Stofflichen verdichtet, vergleichbar dem Wasser, das sich auch in verschiedenen Ausdrucksformen wie Dampf, Schnee oder Eis darstellen kann. So besteht die Verbindung von der Kausalebene zum Mentalkörper schwingungsmäßig aus Licht. Die Energie, die durch die Silberschnur vom Mental- zum Astralkörper fließt, verwandelt sich vom Licht in die Kraft der Gedanken. Das äußerste Ende der feinstofflichen Verdichtung sind die Energiezentren im Ätherkörper, die die kosmischen Energien so filtern, daß sie dem physischen Körper zuträglich sind. Wenn schließlich neues Leben im Mutterleib entsteht, wird die kosmische Energie stofflich so verdichtet, daß sie sich zur Materie der Nabelschnur umwandelt, die dann die Verbindung vom Mutterleib zum Fötus herstellt.

Die Wahrnehmung des göttlichen Funkens in uns, der, wie beschrieben, über die Silberschnur geleitet wird, hängt vom individuellen Reifegrad der menschlichen Bewußtseins ab. Wir Menschen können um so mehr über diesen Leiter aufnehmen, je besser wir die Energiezentren am feinstofflich verdichteten Ende dieser Silberschnur entwickelt haben. Wir können uns die Energiezentren auch als Kanäle vorstellen, die sich mit der Entwicklung der Bewußtseins weiten. Die Bewußtseinsentwicklung sollte im menschlichen Leben die allererste Stelle einnehmen: Je weiter der Kanal geöffnet ist, um so stärker sind wir mit dem göttlichen Ursprung verbunden, und um so mehr verwirklicht sich in uns das Göttliche.

Auch der Kontakt des hellsehenden Mediums in die höheren Dimensionen hängt von der Entwicklung seiner Bewußtseins, das heißt seiner Energiezentren ab. Auch hier gibt es Stufen der Reifung, und es ist unangebracht, die so verschiedenen Möglichkeiten transzendentaler Kommunikation allesamt mit dem Begriff Spiritismus abzutun, der – so undifferenziert angewandt – zugleich die gesamte Mystik in Frage stellen würde. Ein Hellseher bezieht Informationen aus den niederen, ein anderer aus höheren Astraldimensionen. Beim tranceähnlichen Hellsehen kommt es vor, daß ein Medium seinen Astralkörper bewußt in den Astralbereich aussendet. In den nächstfolgenden Entwicklungsstufen ist ein Hellsichtiger in der Lage, Informationen aus der Mentalebene oder der Kausalebene aufzunehmen. Informationen aus diesen Sphären dienen nicht mehr der Lösung irdischer Probleme, sondern ausschließlich der geistigen Weiterentwicklung des Menschen.

Es ist auch verständlich, daß wegen der verschiedenen Reifegrade der Medien die Güte ihrer Botschaften sehr unterschiedlich ist. Wer Kontakt mit medial begabten Menschen sucht, sollte deshalb mit kritischem Verstand zu unterscheiden lernen. Ein gutes Medium erkennt immer die seelische Struktur und den Bewußtseinsstand eines Besuchers und formuliert die Informationen in einer ihm angepaßten Weise, so daß er in jedem Falle eine Hilfe erfährt und nicht verängstigt oder verletzt wird.

Die astrale Aura

Der Astralleib ist von einem weiteren Energiefeld umschlossen, das man die Aura oder die Ausstrahlung nennt und die von hellsichtigen Menschen wahrgenommen werden kann. Das Schwingungsfeld der Aura setzt sich aus den verschiedensten Farben zusammen. Sie werden von Gefühlsbewegungen erzeugt, die der Aura als farbige Energie zufließen. Deshalb nennt man die Aura auch Seelenspiegel. Die Aura der Menschen verändert sich ständig und ist so verschieden, wie es ihre Charaktere und ihre Gefühlswelten sind.

Die äußerste Farbschicht zeigt einem Sehenden den augenblicklichen seelischen Zustand eines Menschen an. Bei einem heftigen Gefühlsausbruch kann sich diese äußerste Schicht einige Meter weit im Umkreis ausdehnen. Ist die Erregung abgeklungen, erlischt die Ausstrahlung, von der nur ein kleiner Farbstreifen, einem Baumring vergleichbar, in der Aura zurückbleibt. Wer die Aura genau zu lesen vermag, kann anhand der Ringe die ungefähre Jahreszahl eines tiefgreifenden Geschehnisses bestimmen, so wie man beim Baum die Jahresringe erkennen und die besonderen Einflüsse vergangener Zeiten ablesen kann.

Ein Kind hat bereits im vorgeburtlichen Zustand eine Aura, in der sich die Emotionen der Mutter niederschlagen. Dies zeigt die gesteigerte Verantwortung der Mutter für ihre Gedanken und für ihre Gefühlswelt während der Schwangerschaft. Im Gegensatz zum Ätherkörper, der sich nach dem Tode auflöst und als Energie in den Kosmos zurückfließt, vereint sich das Energiefeld der Aura beim Ableben mit dem Astralkörper.

Die Strahlung der Aura ist besonders stark am Kopf und an den Händen. Sie formt eine Aureole, wie man sie rings um die Köpfe auf den Bildern von Heiligen sieht.

Auch den Gesundheitszustand kann man an der Aura erkennen, weil er als Emotion über den seelischen Bereich die Aura färbt. Die Aura zeigt auch, wie der Patient zu seiner Krankheit steht, ob optimistisch oder pessimistisch. Optimismus erzeugt hell strahlende, blaugrüne Farben, die in ihrer Ausstrahlung dem Körper Heilkraft vermitteln. Die Organe saugen als zusätzliche Hilfe Heilkraft aus den Farben der Aura auf. Pessimismus bringt graubraune, ins Schwarze reichende Farben zur Entstehung. Ihre Ausstrahlung auf den Organismus bewirkt nicht nur organische Störungen, sondern auch Depressionen. Beim Pessimisten nehmen die kranken Organe die dunklen Farben auf, wodurch sich der allgemeine Zustand des Kranken verschlechtert und der Heilungsprozeß verlangsamt.

Ich weiß aus eigenen Erfahrungen, daß uns eine langanhaltende Krankheit eher in den Pessimismus drängt. Wenn man sich nicht in sich verschließt, sondern seine Seele der Natur öffnet, kann man diesen Pessimismus überwinden. Eine gute Übung ist es, immer wieder einen Baum – es kann auch eine Blume sein – längere Zeit zu betrachten und wiederholt das Wort »Baum« langgezogen, fast singend auszusprechen, so daß eine schwingungsmäßige Verbindung zum Baum hergestellt wird und seine Heilkraft auf uns fließen kann.

Die Astralwelt

Die erste Dimension

»Die Hölle« (schwarz)

Innerhalb der Astralwelt gibt es sieben Dimensionen, von denen jede wiederum in sieben Stufen unterteilt ist. Die drei ersten Dimensionen können als die dunklen oder grauen bezeichnet werden. Die erste Dimension ist schwarz, ohne Licht, und entspricht etwa unseren Vorstellungen von der Hölle. Allerdings müssen wir uns immer vor Augen halten, daß die räumlichen Benennungen, ob wir nun von Dimension, Ebene, Sphäre, Stufe oder Zone sprechen, nie einen Ort, sondern einen Bewußtseinszustand meinen. Die »Hölle« besteht nicht aus Feuerkesseln oder Folterkammern, sondern aus schmerzlichen Seelenzuständen, aus Empfindungen grenzenloser Verlassenheit, tiefster Angst und Hoffnungslosigkeit. Astralwesen, die unter diesen Qualen leiden, haben böswillig anderen geschadet, ohne je Einsicht oder Reue gezeigt zu haben. Sie sind wie eingesperrt in ihrem Bewußtseinszustand und erleiden in dunklen und trägen Energieströmen nun an sich selbst jene Bösartigkeiten und Schmerzen, die sie anderen zugefügt haben. Dies geht solange, bis sie Reue empfinden und sich über die verschiedenen Zonen dieser ersten Dimension entwickelt haben, so daß sie schließlich in der Lage sind, in einem neuen Leben auf der Erde die Schuld abzutragen und sich in der Nächstenliebe zu üben.

Ich weiß, daß der Gedanke, daß wir viele Male auf Erden sind, für manche Menschen noch ungewohnt ist. Er wurde in den westlichen Kulturen verdrängt und löst deshalb oft zunächst Verwirrung aus. Doch sollten wir uns die Freiheit einräumen, den Gedanken der Wiederverkörperung unbefangen zu prüfen und, wenn er uns eines Tages einsichtig erscheinen sollte, auch anzunehmen. Ich persönlich habe mich durch die Einblicke in die geistigen Dimensionen davon überzeugen können, daß wir solange zur Erde zurückkehren, also re-inkarnieren, bis wir auch mit unserem verstandesmäßigen Denken akzeptiert haben, daß wir im Grunde geistige Wesen sind. Nur so können wir fähig werden, nicht mehr nur als Individuen zu leben, sondern alle Entwicklungsprozesse im Mineral-, Pflanzen-, Tier- und Menschenbereich vom Ganzen her zu verstehen und aus dem Ganzen heraus zu leben.

Die zweite Dimension

»Das Fegefeuer« (dunkelgrau)

Auch die zweite Dimension ist noch ohne Licht, aber dunkelgrau, nicht schwarz. Dieser Ort der Läuterung ist auch als Fegefeuer bezeichnet worden. In ihm halten sich Wesen auf, die anderen Schaden zugefügt haben, aber vor dem Tod noch Reue empfanden. Dadurch sind sie empfänglich für die Hilfe anderer Wesen. Unsere Gebete können sie erreichen und ihnen als Lichtschwingungen Trost und Stärke vermitteln. Diese Energien verkürzen ihren Läuterungsweg. Nach Abschluß eines bestimmten Reifungsprozesses müssen sich alle Wesen aus dieser Dimension zunächst der Bewährung und Entwicklung in einem neuen Erdenleben unterwerfen, um in höhere Astralbereiche zu gelangen.

Die dritte Dimension
»Die Übergangsebene« (grau)

Die dritte Dimension ist im unteren Bereich grau, während der obere Bereich lichtdurchlässig ist. Hier haben die Wesen das Empfinden für die Liebe. Dasjenige, was bereut werden mußte, ist überwunden, und die Wesen entwickeln nun bis zu einem bestimmten Grad die Liebe, die ja wiederum eine Schwingung ist. Zur Beschleunigung ihres Lernprozesses holen andere Lichtwesen sie zeitweilig aus dieser Ebene heraus, so daß sie durch die Lichtpforte in die vierte Ebene gehen und dort zeitweise unterrichtet werden können. Von dem Zeitpunkt an, in dem diese Wesen durch die Lichtpforte getreten sind, übernehmen sie oft die Aufgabe, den Wesen in der grauen Dimension, sprich im Fegefeuer, behilflich zu sein. Das macht ihnen gleichzeitig die eigenen Überreste ihrer Dunkelheit bewußt, und dies bewirkt, daß sich ihr Sehnen nach dem Licht verstärkt. In der dritten Dimension sind auch die Wesen, die aus dem Fegefeuer heraus ins irdische Dasein inkarniert waren und ihre Aufgabe auf der Erde nicht so bewältigt haben, wie sie es sich vorgenommen hatten.

Beim Abschluß des Entwicklungsprozesses in der dritten Dimension kehren die Wesen wieder zur Erde zurück, haben aber im Unterschied zu den Wesen in den beiden unteren Dimensionen das Wissen in sich, welches Ziel sie auf unserer Erde anzustreben haben und erreichen wollen. Damit erklärt sich auch, warum es auf unserer Erde Verbrecher gibt, weil jene, die aus der Hölle inkarnieren, in ihrem Bewußtsein nicht so weit entwickelt sind, daß sie ein bestimmtes Ziel auf der Erde anstreben können. Wenn also ein Verbrecher in die Hölle gelangt und sich durch ihre verschiedenen Zonen soweit entwikkelt hat, daß er inkarnieren kann, hat er als Sühne seines Lernprozesses nur das Empfinden von Reue in seinem Bewußtsein. Daher ist es möglich, daß der Lernprozeß auf der Welt darin besteht, weiteres Unrecht an Menschen, allerdings in weniger schlimmer Weise, zu begehen. Er könnte beispielsweise niemanden mehr umbringen, aber ein Dieb sein. Als Dieb kehrt er dann nicht mehr in die Hölle zurück, sondern ins Fegefeuer.

In den ersten drei Dimensionen können die Entwicklungsprozesse Jahrhunderte, ja manchmal Jahrtausende, nach unseren Zeitbegriffen, dauern. Wenn die Wesen aus den dunklen oder grauen Sphären mich um Hilfe bitten, wird mir ihre Botschaft immer über meinen persönlichen geistigen Helfer mitgeteilt; denn ich selbst kann keinen Kontakt in diese Zonen aufnehmen. Hier zeigt sich mein Schutzengel im wahrsten Sinne des Wortes als »Torhüter«: Er läßt nicht zu, daß Schwingungen aus den grauen Zonen über meinen Körper fließen. Diese würden ihn zu sehr schwächen.

Da meine Besucher sehr oft fragen, wie sie den armen Wesen in diesen Zonen helfen können, schreibe ich hier ein Gebet auf, das mir die geistige Welt schenkte. Mein Helfer hat darum gebeten, vor dem Sprechen dieses Gebetes eine Kerze als Symbol des Lichtes anzuzünden.

O Gott,
Laß die Schwingung
Deines Erbarmens
Als Lichtstrahl
Und Kraft der Liebe
In die Dunkelheit
Aller Sphären leuchten,
Damit dein höchstes Gebot,
Die Erkenntnis der reinen Liebe,

Alle Welten umfaßt
Und alles vereint
Zu höchster Verschmelzung
Mit dir,
O Gott.   Amen.

Die vierte Dimension

»Sphären des kosmischen Gedächtnisses« (grün)

Die vierte Dimension besteht aus Licht. Es ist die Sphäre, in der alles Gedankengut gesammelt ist, das ich weiter oben als Weltgedächtnis beziehungsweise Akasha-Chronik beschrieben habe. Dieses Gedankengut ist allerdings innerhalb der sieben Stufen dieser Dimension nur zwischen der vierten und der siebten Stufe vorhanden. Dieser Bereich wird die Sphäre des absoluten Bewußtseins genannt. In den ersten drei Stufen dieser Dimension gibt es herrliche Landschaften mit sanften Hügeln; es gibt Seen, Blumen, Tiere, Musik sowie Farben, die in ihrer Leuchtkraft uns Menschen unvorstellbar sind. Die Musik wird durch die Gedanken der Liebe geschaffen, genauso, wie durch diese Gedanken die Landschaft und die Farben stets verändert werden können.

Auch Tiere werden wieder zu Tieren inkarniert. Es liegt nicht in der Bestimmung des göttlichen Planes, daß Tiere andere Wesensarten werden können. Ein kleiner Hund kann allenfalls in einem nächsten Leben ein großer Hund sein. Tiere sind den Menschen als Freunde zugedacht, als Wesen, von denen die Menschen gewisse Eigenschaften lernen können, zum Beispiel die Treue, die Unbesorgtheit, die Fröhlichkeit und die Dankbarkeit.

Wesen, die sich in den ersten drei Zonen entwickeln,

sind als dienende Seelen anderer Wesen tätig und können als Sprecher von Lichtwesen fungieren, zum Beispiel wenn diese über ein Trancemedium Botschaften an die Menschen vermitteln wollen. Alle Wesen aus der ersten bis dritten Zone müssen, wenn sie ihre Entwicklung in diesem Bereich abgeschlossen haben, auf die Erde zurückkehren, um in einem neuen Leben, und zwar ausschließlich im Dienste am Mitmenschen, weiterzulernen. Sie entwickeln sich dann in sozialen Berufen weiter, zum Beispiel als Ärzte oder Krankenschwestern.

In dieser Dimension hat die Gedankenkraft einen ganz besonderen Stellenwert. In der vierten Zone besteht der Lernprozeß darin, daß Gedanken visualisiert werden und daß man den Umgang mit diesen Energien und die Verantwortung für sie verstehen lernt. In dieser Ebene entwickeln die Wesen ein höheres Verantwortungsbewußtsein, das sie dann häufig an Menschen in unserer Welt, die ein adäquates Bewußtsein haben, weitergeben in Form von sehr stark ausgeprägten Empfindungen, was sie dürfen oder was sie nicht dürfen. Dies fließt den Menschen dann als inneres Wissen zu. Man kann es auch ein höher entwickeltes Gewissen nennen. Für die dort lebenden Wesen verwirklichen sich die Gedanken visuell und können auch wieder aufgelöst werden. Wenn sich ein Wesen in Gedanken ein Auto wünscht, steht es bereits vor ihm. Will es das Auto benutzen, ist der Gedanke die Kraft, die den Wagen antreibt. Das Gedachte wird also stets räumlich sichtbar. Wenn ein Mensch als Materialist von dieser Welt geht und materielle Dinge auch nach seinem Tod sein ganzes Verlangen bleiben, besitzt er nur die Fähigkeit, für sich in unbegrenzten Mengen Materielles wie Häuser oder Geld zu schaffen. Sein Lernprozeß besteht darin, daß er jetzt keinem einzigen Wesen begegnet, das seine Freude mit ihm teilt. Er könnte ganze Städte erbauen, aber niemand würde in ihnen wohnen. In den lichteren Sphären dient die schöpferische Kraft der Gedanken immer nur anderen Wesen, und Gedanken werden ausschließlich im Sinne der Entwicklung reiner Liebesenergien angewandt.

In der Zone vier sind auch alle Talente und Visionen vorhanden. Es ist dies eine in einer speziellen Form ausgedrückte Energie. Wenn ein Mensch das Verständnis für diese bestimmte Energie entwickelt hat, kann er aus dieser Zone die Summe seiner geistigen Entwicklung als Talent mit ins nächste Leben nehmen. Entschließt sich ein Wesen, in seiner nächsten Inkarnation ausschließlich im Dienste am Mitmenschen zu leben, kann er sich bewußtseinsmäßig so entwickeln, daß er über seine Fähigkeit zur außersinnlichen Wahrnehmung in Kontakt mit dieser Zone bleibt. Das heißt dann für ihn, offen zu sein für Visionen zur Bereicherung und Belehrung der Menschen auf unserem Planeten. Wenn ein Mensch gewisse Talente ins irdische Leben mitgenommen hat, ist es seine Pflicht und die Pflicht seiner Eltern, die er sich ausgesucht hat, diese Talente in jeder Hinsicht zu entwickeln. Der Erfolg der Entwicklung hängt ausschließlich wiederum von seinen Bewußtsein ab. Daher gibt es hochbegabte, mittelmäßig begabte oder weniger begabte Ausführungen von Talenten.

Wenn die Wesen in der vierten Zone alle ihnen zustehenden Aufgaben gelöst haben, bewirkt die Summe dieses ganzen Schaffens eine Energie, die sie in die nächsthöhere, die fünfte Zone innerhalb der vierten Dimension befördert.

Die fünfte und sechste Zone besteht nur noch aus verschiedenartigen Energien, verschiedenartig in Stärke, Wärme und Ausstrahlung. Die hier lebenden Wesen werden nur noch schwingungsmäßig angepaßt beziehungsweise ausgeglichen, was einer Schulung gleichkommt, die dem menschlichen Verständnis nicht begreifbar gemacht werden kann. Sie bereiten sich dadurch auch schon auf die Dimension vor, die wir als den Ort der Besinnung bezeichnen. Aus diesen genannten Zonen können sich Lichtwesen auch wiederum freiwillig auf unserer Welt inkarnieren. Es sind jene Menschen, die die Botschaft des Friedens zu verkünden haben. Alle freiwillig inkarnierten Wesen haben das Bewußtsein des Lichts. Sie sind es, die der Menschheit in allen Jahrhunderten weitergeholfen haben. Sie waren das, was wir Genies oder Heilige nennen. Sie können sich in unserer Welt Aufgaben aussuchen, die ihrer Struktur und Abstammung entsprechen.

Nicht alle Menschen haben dieselbe Abstammung. Es ist kaum bekannt, daß nicht jeder Mensch den gleichen Ursprung hat. Wohl sind sie alle vom göttlichen Funken beseelt, aber ihre Abstammung kann vom Mineralreich her, vom Tier- oder Pflanzenreich bewirkt worden sein – bezogen auf die Zusammensetzung der Elemente in ihrer Struktur. Dann gibt es Menschen, aber es sind nur wenige, die sich nie von ihrem Ursprung, von der Urkraft abgespalten haben und als reinste Lichtwesen und Boten Gottes freiwillig auf diesem Planeten leben.

Die siebente Zone innerhalb der vierten Dimension ist ein Zwischenbereich, in dem Wesen leben, die sich um jene kümmern, die sich im Astralschlaf befinden. Sie bewachen deren energetische Entwicklung und stellen sich bereit, wenn diese Wesen aus dem Astralschlaf erwachen, sie innerhalb der vierten Dimension der richtigen Zone zuzuweisen und sie dort einzugewöhnen, oder aber, bei entsprechender Bewußtseinsentwicklung, sie auf den Weg zu bringen, der zu anderen Astraldimensionen, zur Mentalebene oder zu anderen Planeten führt – so, wie wir jemanden in den richtigen Zug setzen, wenn er uns verläßt, um auf große Reise zu gehen. Bei Erfüllung dieser Aufgabe, die nach unserer Zeitrechnung viele Jahrtausende dauert, sind sie so weit entwickelt und bereit, von Lichtwesen der fünften Dimension empfangen werden zu können.

Die fünfte Dimension

»Ort der Besinnung« (blau)

Die fünfte Dimension wird auch der Ort der Besinnung genannt. Wesen in diesen lichten Sphären haben ausschließlich die Aufgabe übernommen, für uns Menschen Helfer oder, wie wir sagen, Schutzengel zu sein. Sie leuchten in unbeschreiblich hellen Farben und versuchen, unsere Energiezentren zu entwickeln. In der ersten Zone innerhalb dieser Dimension bewirken diese Wesen durch ihren Einfluß in bestimmten Menschen, daß Zweifel des Verstandesdenkens mit der Zeit überwunden werden können. Hat ein Mensch die außersinnliche Wahrnehmungsfähigkeit noch nicht entwickelt, nimmt er diese Hilfen durch die innere Stimme wahr. Die innere Stimme als der Einfluß unserer Schutzengel ist nicht nur in besonderen Lebenssituationen vernehmbar, sondern zu jeder Zeit. Leider ist es aber so, daß wir uns ihr häufig verschließen und sie in der Hektik unseres Alltags untergeht.

Auch für die Schutzengel selbst ist jede Aufgabe an uns Menschen eine Möglichkeit, sich weiterzuentwickeln. Wir entwickeln uns durch sie, und sie entwickeln sich durch uns. Wenn es uns gelingt, den Kanal für die bewußte Aufnahme einer solchen Hilfe zu öffnen, beginnen wir zu verstehen, was Bewußtseinsentwicklung bedeuten kann.

Viele Eltern sagen ihren Kindern, daß sie von Schutzengeln behütet seien. Es wundert mich immer wieder, daß sie trotz dieses Glaubens ein Leben nach dem Tode oft bezweifeln. Wenn es Schutzengel gibt, muß es auch eine Dimension geben, in der sie leben und wirken.

Die Wesen in der zweiten bis zur sechsten Zone machen sich ebenfalls die höhere geistige Entwicklung in uns Menschen mit Hilfe der inneren Stimme zur Aufgabe. In ganz subtiler Abstimmung wird der Mensch von Zone zu Zone in dem Sinne gefördert, daß sein Verständnis der ganzheitlichen Entwicklung wächst. Durch diese Arbeit am Menschen entwickeln sich diese Schutzengel-Wesen in recht kurzer Zeit, so daß sie sich in den Zonen eins bis sechs innerhalb der fünften Dimension nicht allzu lange aufhalten müssen. Sie empfinden bereits ein starkes Sehnen nach Gott. Ihre Entwicklung besteht darin, zu immer reinerem Licht zu werden. Andere Aufgaben haben sie nicht zu bewältigen. Es steht ihnen jedoch frei, sich über hellsichtige Medien mitzuteilen, nicht um menschliche Probleme lösen zu helfen, sondern ausschließlich im Sinne der geistigen Entwicklung. Wesen in diesen Zonen haben auch die Kraft, durch ihre Energien auf unserem Planeten die Elemente Feuer, Luft, Wasser und Erde zu bewegen.

Die siebte Zone in der fünften Dimension ist im eigentlichen Sinne erst die Himmelspforte. Sie dient lediglich dazu, ausgewählte Energien beziehungsweise voll entwickelte Lichtwesen von Stufe sechs durchzulassen. Diese Zone kann man auch als eine Art Filter betrachten; denn kein Funke könnte durch diese Pforte gehen, der in seiner Reinheit und in seiner Ausstrahlungskraft der nächsten Dimension nicht zugehörig wäre. An dieser Pforte stehen immer drei Lichtwesen im Namen des Vaters, im Namen des Sohnes und im Namen des Heiligen Geistes. Die

Pforte ist nicht eine Türe in unserem Sinne, sondern ein Lichtdreieck, das sich aus allen Elementen und dem göttlichen Licht zusammensetzt. Wenn sich ein Mensch in höchster Form entwickelt hat, kann ihn ein Strahl von dieser Pforte treffen, und man kann dann im wahrsten Sinne des Wortes sagen: »Der Blitz hat ihn getroffen.« Dies bedeutet für solche menschlichen Wesen, daß ein unerwarteter plötzlicher Tod eintritt, weil der Entwicklungsprozeß auf unserer Erde abgeschlossen ist und eine Weiterentwicklung in der sechsten oder gar in der siebten Astraldimension möglich ist.

Die sechste Dimension

»Ort der Nächstenliebe« (violett)

In der sechsten Dimension bemühen sich die Lichtwesen umeinander. Man kann auch sagen, daß sie eine Sphäre ist, in der alle dort sich entwickelnden Wesen schwingungsmäßig einer letzten Reinigung, Ausgleichung und Harmonisierung unterzogen werden. Die Formen der Liebe erzeugen verschiedenartige Schwingungen und sind in keiner Zone gleich. Jede Zone ist wie eine Partitur eines großen Werkes, das stufenweise von einer Zone in die andere überfließt. Aus dieser Ebene gibt es nur ganz selten Kontakte zur irdischen Welt. Wenn ein Wesen bei einem anderen Wesen feststellt, daß eine Schwingung unausgeglichen ist, bemüht es sich in unendlicher Liebe und Güte um das andere Wesen, so daß dieses durch die Schwingung, die erzeugt wird, eine Stufe aufsteigen kann. Schwingungen in diesem Sinne sind Energien, die wir mit unseren menschlichen Sinnen nicht wahrnehmen und die unser Körper nicht verkraften kann. Der innere Wunsch zu helfen ist in den Wesen dieser Sphäre wie die Glut eines Feuers, und durch die Übung reiner Nächstenliebe werden sie von Güte und Erkenntnis durchflutet.

Man kann sich ein Wesen als eine Stufe vorstellen, und der Kreislauf besteht darin, daß das unterste Wesen in dieser Zone von den über ihm Stehenden auf die nächste Stufe gebracht wird. Diese Entwicklung ist die höchste Form der Nächstenliebe, die in dieser Bewußtseinsebene schließlich aufgelöst wird, weil die Entwicklung der Nächstenliebe in dieser Zone endet. In ihr ist der Lernprozeß vom Menschen zum Lichtwesen endgültig abgeschlossen. Lernprozesse, wie wir sie verstehen, gibt es in der weiteren Entwicklung keine mehr. In die sechste Dimension hinein gelangen nur Wesen, die von der Entwicklung her gemäß der Bestimmung des göttlichen Gesetzes durch die Himmelspforte hindurchgegangen sind.

In den einzelnen Stufen der sechsten Dimension empfinden die Lichtwesen bereits die Ausstrahlung der nächsten, so daß sie auch auf die letzte Stufe vorbereitet werden. Das Licht in diesen Zonen ist so hell, daß unser Auge erblinden würde, wenn wir es sehen könnten, denn die menschliche Struktur ist nicht dafür geschaffen. Die Licht- und Musikschwingungen sind die Vibrationen, von denen diese Wesen ernährt werden. Es ist eine höchst ausfiltrierte kosmische Energie, die nur in ganz geringen Mengen dem menschlichen Leben zuteil werden darf. Alles dies bezieht sich auf Stufe eins bis sechs der sechsten Dimension. Es gibt hier keine sehr wesentlichen Unterschiede im Entwicklungsprozeß. Jedes Wesen ist um jedes Geschehen bei anderen Wesen bemüht. Es gibt hier auch keine menschlichen Begriffe mehr wie oben oder unten, gut oder böse.

Die siebente Zone innerhalb dieser Dimension ist ein ganz spezielles, energetisch aufgeladenes Kraftfeld. In ihm wachsen die Bäume der Weisheit und die Bäume der Kraft. In ihm ist das Leiden Jesu Christi als Heilenergie vorhanden. Alle Gebete der Menschen, die reinen Herzens gesprochen sind, erreichen mit ihren Schwingungen diese Zone. In ihr entwickeln sich die Hüter der Weisheit. Gleichzeitig sind sie die Empfänger der Gebetsschwingungen. Sie prüfen die Reinheit der ausgesandten Schwingungen der Menschen und senden, je nach entwickeltem menschlichen Bewußtsein, die nötigen körperlichen, seelischen oder geistigen Kräfte.

Wenn ein Heiler reinen Herzens ist, bezieht er jegliche Heilenergie aus dieser Zone. Aber auch die Entwicklung des Patienten wird hier geprüft und die Heilenergie so dosiert über den Heiler zurückgestrahlt, daß es dem Patienten in erster Linie in seiner geistigen Entwicklung weiterhilft. Ob ein Mensch gesund werden kann, hängt immer allein von seiner Entwicklung in allen Leben und von der Reinheit seines Herzens ab. Wenn der Heiler seelische Opfer bringt und sein Bewußtsein so weit entwickelt hat, daß es ihm ein Bedürfnis ist, für unsere Welt Opfer zu bringen, verfügt er über die Möglichkeit, den in dieser Zone fließenden Gnadenstrom »anzuzapfen« und somit mehr Heilenergie zu vermitteln als ein Heiler, der sein Bewußtsein noch nicht so weit entwickelt hat. Diese siebente Zone ist dann wiederum die Durchgangspforte der Lichtwesen aus der sechsten Zone, und bevor die Wesen in die siebente Zone eingelassen werden, durchwandern sie die Energieströme des Leidens Jesu Christi und aller Leiden, die in reinster Form geopfert worden sind. So wie es im göttlichen Plan geschrieben steht, werden sie dadurch endgültig von ihrer Entwicklung überhaupt erlöst.

Die siebente Dimension

»Himmelsstadt, die Sphäre der Gebete und Gesänge«
(weiß-silber-gold)

Die erste Stufe in der siebenten Dimension der astralen Welt ist die Sphäre der Gebete und Gesänge. Hier sind die Wesen ausschließlich von der Sehnsucht nach Gott getragen. Sie ist wie eine brennende Kerze in ihnen, die sich in Stille und Demut selbst verzehrt. Aus dieser Dimension gibt es kein Zurückschauen mehr in andere Dimensionen der astralen Sphäre. Sie stellt eine eigene Welt dar. Obwohl es auch in dieser Dimension sieben Zonen gibt, kann man diese nicht voneinander unterscheiden, weil sie schwingungsmäßig alle ineinanderfließen. Es ist ein einziger Fluß von Licht, einem Licht, das unserem Verständnis nicht zugänglich ist.

Um eine Zeitvorstellung zu geben: Die Entwicklung der Wesen in der siebenten Dimension, der Ebene der Lobpreisung Gottes, kann Zehntausende von Jahren nach unserer Zeitrechnung dauern. Obwohl ich hier immer von Wesen spreche, müssen wir uns bewußt sein, daß sie in Wirklichkeit Energien sind. Der Übergang von einer Zone in die nächsthöhere ist stets wie ein Sterben. Die Lichtwesen in diesen Zonen empfinden dies als ewige Erlösung. Es gibt hier auch Wesen, die sich wiederum freiwillig in unsere irdische Welt inkarnieren, damit sie nicht untergeht. Sie sind die tragenden Elemente unserer Welt. Diese Wesen sind voller uneigennütziger Opferbereitschaft und setzen sich oft den tiefsten Leiden aus, um die höchste Reinheit zu erlangen. Sie begeben sich auch freiwillig selbst in die grauen Zonen. Ihre Anpassung an diese tieferen Ebenen ist so qualvoll, daß jeder Atemzug einem Ertrinken gleichkommt. Die Schwingungen dieser Opfer helfen mit, die Angstfrequenzen auf unserem Planeten abzubauen.

Aus diesen Zonen stellen sich auch Wesen als Helfer für die Menschen zur Verfügung. Diese geistigen Helfer tragen alles Wissen in sich, und erst im kommenden Zeitalter wird es mehr Medien auf unserer Welt geben, die zu dieser Dimension Zugang haben. Die Aufgabe der Medien bei der Entwicklung des neuen Zeitalters ist von größter Bedeutung. Immer, wenn aus diesen Bereichen ein Strahl der Gnade in reinster Form in unsere Welt fließt, hat sich ein Lichtwesen geopfert, indem es freiwillig in unsere Welt zurückkehrt oder aber sich als geistige Führung eines Mediums zur Verfügung stellt.

Es gibt in dieser Dimension eine Pforte. Sie besteht aus einem Lichtstrahl, über den Wesen, die ausgereift sind, in die Mentalsphäre weitergehen. Es gibt aber noch eine weitere Pforte, über die gewisse Wesen aus dieser Zone auf andere Planeten gehen.

Der astrale Schlaf

Vom Astralschlaf war bereits bei der Beschreibung der vierten Astraldimension die Rede. Wegen seiner Bedeutung möchte ich an dieser Stelle näher darauf eingehen.

Der astrale Schlaf bietet Menschen, die bewußt gestorben sind, aber noch nicht die geistige Kraft besitzen, um über die Brücke des Lichts zu gehen, besondere Entwicklungsmöglichkeiten. Wenn ein solcher Mensch in seiner gesamtheitlichen Entwicklung, also in der Entwicklung früherer Leben, so fortgeschritten ist, daß er von dieser Entwicklung her gesehen über die Brücke gehen könnte, sich aber durch sein Verantwortungsbewußtsein daran gehindert sieht, kann er sich im astralen Schlaf während einer von ihm zu bestimmenden Zeit weiterentwickeln und sich über seine Schritte klarwerden. Dieser Zustand ist dem embryonalen Zustand eines Kindes gleichzusetzen.

Ein Wesen im Astralschlaf ist in Licht eingehüllt, und die Lichtschutzenergien verhindern jegliche äußere Beeinflussung und jegliche äußere Wahrnehmung. Man kann auch sagen, daß dieser Zustand einer Klausur entspricht. Eingehüllt in diesen Lichtkegel ist sich das Wesen seines gesamtheitlichen Bewußtseins, also seiner früheren Leben, gewahr und ist nur bedacht, durch innere Betrachtung seine Entwicklung fortzusetzen. Diese Entwicklung kann man sich so vorstellen, daß durch Energien, die vom Bewußtsein erzeugt werden, sein Bewußtsein in immer reinere und höhere Form gebracht wird.

Ein solches Wesen wächst in einem bestimmten Energieschoß heran, bis es sich, immer getragen von seinem Verantwortungsbewußtsein, bereit fühlt, sich innerhalb der Astral-, der Mentalsphäre oder aber auf einem anderen Planeten weiterzuentwickeln. Nach einem gewissen energetischen Entwicklungsabschluß ist es diesem Bewußtsein klar, welche Entwicklungsform oder Aufgabe es wählen wird. Geht dieses Lichtwesen dann in eine Ebene hinein, wird der ihn umhüllende Lichtkegel nach abgeschlossenem Reifungsprozeß aufgelöst. Entscheidet sich das Lichtwesen, seine Entwicklung auf einem anderen Planeten fortzusetzen, gerät es innerhalb des Lichtkegels in ein bestimmtes Energiefeld, das den Austritt möglich macht. Der Übergang zu einem anderen Planeten sieht ähnlich aus wie für uns die Milchstraße. Er besteht aus Milliarden von Lichtfunken, die alle unterschiedliche Ausstrahlungen haben. Wenn das Wesen in die Mentalebene geht, besteht der Übergang aus der schon beschriebenen Pforte in der Astralsphäre.

Wesen im Astralschlaf dürfen nie gestört werden und können auch nicht durch ein Medium gerufen oder befragt werden. Wir haben diese Entwicklungsmöglichkeit eines Wesens zu achten. Auch Zurückgebliebene, die um ein solches Wesen trauern, können in diesem Fall nicht durch die Aussendung ihrer negativen Energien hinderlich sein, da der Lichtkegel diese abstößt und auf den Betroffenen selbst zurückwirft. Während sonst langanhaltende Trauer um Verstorbene diese in der Entwicklung behindert, gereicht sie in diesem Falle dem Trauernden selbst zum Schaden. Aus diesem Grunde ist es für uns Menschen von größter Bedeutung, uns mit dem Geschehen der kosmischen Entwicklung vermehrt auseinanderzusetzen.

Auch Menschen, die sich nie auf den Tod vorbereitet haben und deshalb nicht bewußt gestorben sind, können in den Astralschlaf fallen. Nach ihrem Tod befinden sie sich zunächst in einer absoluten Bewußtlosigkeit, die den Astralschlaf zur Folge haben kann. Wie sich beim Embryo während der Schwangerschaft der Körper ausbildet, wird jetzt das zuletzt gelebte Leben in der Erinnerung wieder wach. Dieser Prozeß dauert so lange, bis sich diese Wesen für eine neue Aufgabe und Entwicklungsmöglichkeit in der astralen Welt entscheiden können. Sie werden dann von Helfern aus der siebenten Zone der vierten Astraldimension ins neue Dasein begleitet. Auch den Wesen im Astralschlaf können wir durch unsere Gebete eine besondere Hilfe zukommen lassen.

Die astralen Dimensionen

Erste Dimension – »Die Hölle«
Urgrund der Dunkelheit – Schwarz
Eisblock, Starrheit

Zweite Dimension – »Das Fegefeuer«
Tal der Tränen – Dunkelgrau
Schmelzungsprozeß

Dritte Dimension – »Die Übergangsebene«
Ort der Buße – Grau
Wasser

Vierte Dimension
Sphären des kosmischen Gedächtnisses – Grün
Erinnerung (Wiedergutmachung in der Plus-Zeit)

Fünfte Dimension
Ort der Besinnung – Blau
Schulung (Bewußt angestrebte Aufgaben)

Sechste Dimension
Ort der Nächstenliebe – Violett
Wiedergutmachung

Siebente Dimension
Himmelsstadt, Ort der Gebete und Gesänge –
Weiß, Silber, Gold
Anbetung

Die bewohnten Planeten

In Meditationen wurde mir das Wissen vermittelt, daß es neben unserer Erde im Universum viele andere bewohnte Planeten gibt, auf denen auch wir in neuen Inkarnationen unsere Entwicklung fortsetzen können. Es gibt Planeten, die dem unseren Millionen Jahre voraus sind, so wie es Planeten gibt, die in ihrer Entwicklung noch hinter der unseren stehen. Alles auf unserer Erde ist der Polarität unterworfen: Es gibt Tag und Nacht, Gut und Böse, Kalt und Heiß, das Bewußte und das Unbewußte und so weiter. Ebenso gibt es im Universum einerseits Planeten, die Abspaltungen der göttlichen Urkraft sind, und andererseits Planeten, die dem Bereich der Dunkelheit entstammen. Die Wesen auf diesen Planeten sind nicht in technischer, aber in geistiger Hinsicht weniger weit entwickelt als wir. Sie sind das, was wir als negative Kräfte bezeichnen, als die dunklen Kräfte. Aber auch in ihrer Entwicklung gibt es viele Stufen. Es liegt in ihrer eigenen Bestimmung, ob sie jemals wieder ins Licht zurückkehren. Es ist nicht so zu verstehen, daß sie ewig verdammt wären. Sie haben aus Gründen der persönlichen Freiheit diese Daseinsform gewählt. Es wird die Zeit kommen, wo die Religionen unserer Erde dieses verstehen. Die Wesen aller Planeten, also auch wir Menschen, erzeugen fortwährend Energien, die das kosmische Bewußtsein und das Bewußtsein auch unserer Erde immer in Bewegung halten und dadurch in der Entwicklung vorantreiben.

Durch die Grenzen der naturwissenschaftlichen Betrachtungsweise sind wir im Verständnis der Weltenräume auf die bloßen physikalischen Gegebenheiten fixiert und verkennen allzu häufig, daß den äußeren Erscheinungen immer auch geistige Dimensionen zugeordnet sind. Für die Galaxien bis hinunter zu den einzelnen Planeten sind vom göttlichen Urplan in hierarchischer Gliederung Regenten eingesetzt, die wir auch Planetengötter nennen können. In Hellseh-Sitzungen erlebte ich auch zu diesen Sphären Kontakte, die aber in meiner bisherigen Entwicklung nur drei Besuchern vorbehalten waren. Hierbei habe ich auch erfahren, daß aus der siebten astralen Dimension eine Energie durch alle außerirdischen Planeten und Galaxien fließt, die für die dortigen Wesen so existenznotwendig ist wie für uns die Luft zum Einatmen.

Das komplizierte Zusammenspiel der Planeten, auf das ich hier nicht weiter eingehen will, entspricht in vielem der Atomstruktur. Der Einfluß aller Planeten auf unsere Welt ist in einer mathematischen Formel ausdrückbar, die Einstein bereits suchte. Sie wird gefunden werden, wenn unsere Zeit einen entsprechend hochentwickelten Menschen dafür bereitstellt. Dies wird im neuen Zeitalter möglich sein.

Alle Entwicklungen in allen Bereichen und auf allen Planeten streben dem einen Ziel zu, sich wieder zu vereinigen mit dem Einen, dem göttlichen Urgrund, dem großen Geist, der reinste Liebe ist.

Die Mentalsphäre

Während wir auf der Erde an Zeit, Raum und Materie gebunden sind, ist die Astralsphäre nur an den Raum gebunden und ist jene Ebene, in der Gedanken feinstofflich visualisiert werden können. Die Mentalebene ist raum- und zeitlos. Wenn ein Mensch die Erde endgültig überwunden hat und nicht mehr in einer Wiederverkörperung zu ihr zurück muß, und wenn er sich zudem durch alle Bewußtseinsebenen der Astralwelt hindurchgearbeitet hat, besitzt er die seelische Reife, um den Astralkörper abzulegen. Dieses Sterben des Astralkörpers ist gleichzeitig die Geburt in die Mentalebene. Das Erleben des Todes in diesem Bewußtseinszustand besteht aus einem unbeschreiblichen, unsagbar schönen Sehnen nach Gott, so daß sich dieser Tod dem Empfinden nach als höchster Segen und reinste Liebe im Bewußtsein ausbreitet. Hier beginnt die Verschmelzung aller Bewußtseinsebenen unabhängig von Körpern, Raum und Zeit. Es ist das Erleben der absoluten Freiheit, der reinsten Liebe, der Liebe Gottes.

Die Mentalebene ist die Sphäre der Gedanken, die als reinste Energien ohne Verbindung zu Gefühlen erzeugt werden. In ihr ist göttliches Bewußtsein, ist das, was im wahren Sinne Geist ist. Der Geistkörper ist nicht dem physischen oder astralen gleichzusetzen. Man kann sich ihn als Lichthülle vorstellen.

In der Mentalebene herrschen die Gedanken von höchster Reinheit aller Götter. Es gibt viele Götter. Sie sind Ausstrahlungen des einen Gottes oder der Urkraft. Wir können uns das so vorstellen, daß die Vereinigung des Geistes aller Götter die göttliche Urkraft darstellt. »Wesen« in dieser Dimension sind sich als Ergebnis ihrer Entwicklung ihres wirklichen wahrhaftigen geistigen Seins bewußt. Nur in dieser Mentalebene kann sich ein Wesen überhaupt dessen bewußt sein. Alle Empfindungen sind nur noch Streben und Verlangen nach der Einswerdung mit Gott. Wenn schließlich auch die Ebenen der Kausalsphäre durchschritten sind und die Individualität freiwillig und aus dem höchsten Sehnen heraus aufgegeben wird, erfolgt die Wiedervereinigung mit dem ewigen Sein, die endgültige Heimkehr zu Gott.

In der Mentalebene vereinigen sich alle reinen Gedanken aller Planeten. Jedes Wesen hier ist im Grunde genommen ein Gott. Und so wird für uns Menschen verständlich, daß auch wir zu Göttern werden. Die Vorstellung von Gott, der Name Gottes in unserem Sprachgebrauch ist für unser Bewußtsein die Krücke, die wir brauchen. In jedem Wesen unseres Planeten, in allen Tieren, Pflanzen und Mineralien, ist von diesem göttlichen Funken etwas vorhanden. Das berechtigt alles Sein zur Hoffnung auf ewiges Leben. Nichts geht verloren.

Noch in meiner Kindheit versuchte man, uns Schulkinder davon zu überzeugen, daß nichtgetaufte »Heiden« auf ewig verdammt seien. Die Schandtat des Gedankens der ewigen Verdammnis ist des Gedankens an Gott unwürdig, und sie wird erst in Jahrmillionen ausgelöscht und zu reiner Energie umgewandelt sein.

Heilige, die mit dem Bewußtsein der Mentalebene auf dieser Erde leben, sind ausnahmslos freiwillig wiederverkörpert. Wenn sie auch jenseits der von der Akasha-Chronik festgehaltenen Geschehnisse und Erfahrungen stehen, stellen sie sich aus reinster Liebe in den Dienst des Menschen und liefern ihm Informationen aus dem Weltgedächtnis, um seine Entwicklung zu fördern. Da sie als reinkarnierte Menschen an die Gesetze des irdischen Daseins gebunden sind, steht ihnen ihr Astralkörper, der sich beim Übergang in die Mentalebene in andere Energieformen umgewandelt hatte, wieder zur Verfügung. Ihr Astralleib ist so weit entwickelt, daß sie ihn als Partner neben dem physischen Körper bewußt wahrnehmen. Solche Menschen sind Bewohner zweier Welten. Sie führen ein Doppelleben, einerseits auf dem Planeten Erde und gleichzeitig in der Astralwelt. Ihre Sehnsucht nach Gott ist schon im irdischen Dasein so groß wie bei den Wesen in der Mentalebene. Daher gelingt es solchen Menschen, alle Kräfte auf das Höchste zu richten und alle Eigeninteressen in der Fülle göttlicher Kraft aufzulösen. Sie sind reine Instrumente Gottes und besitzen die Fähigkeit, unabhängig und frei von dieser Welt jederzeit in die Mentalebene zurückzukehren. Man spricht dann vom mystischen Tod.

Die Kausalsphäre

In der Kausalsphäre, die wie die astrale und mentale Sphäre in sieben Dimensionen gegliedert ist, verwirklicht sich energetisch gesehen der göttliche Wille. Die Energien dieser Sphäre sind so strahlend rein, daß sie in menschlichen Worten nicht beschrieben werden können. Gewisse Schwingungen dieser Sphäre stehen mit dem innersten Punkt des Scheitelzentrums in energetischer Verbindung. Man kann auch sagen, daß Gottvater seinen Willen und das Geheimnis des Lebens in das Scheitelchakra versenkt hat. In ihm ruht die göttliche Weisheit und die göttliche Vollkommenheit, so wie im Halszentrum Gottsohn, die unendliche göttliche Liebe, und im Stirnzentrum der Heilige Geist, die göttliche schöpferische Kraft, verankert sind. Alle drei Aspekte Gottes manifestieren sich auch noch im Wurzelchakra. Deshalb ist es dem Menschen möglich, das Wesen der Gottheit und des ewigen Lebens zu offenbaren.

In den kausalen Dimensionen existieren höchstentwikkelte Bewußtsein, die sich nur der Verherrlichung Gottes widmen. In dieser Sphäre finden sich auch alle Götter, die je waren, sind oder sein werden. Wenn von der Vergangenheit, Gegenwart und Zukunft der Götter gesprochen wird, ist das so zu verstehen, daß die Götter als Emanationen, als Energieformen des einen Gottes aus dem göttlichen Urquell hervorgehen und auch wieder zu ihm zurückfließen können, wenn sie ihre Aufgabe erfüllt sehen. Ihre Bewußtsein besitzen den göttlichen freien Willen, aus dem heraus sie Aufgaben übernehmen und erfüllen. Sie sind göttliche Diener der Kosmen und allen Lebens.

Die aus der Kausalsphäre heraus wirkenden Götter und ihre Bewußtsein bilden Energieformen, denen die verschiedenen Religionen entsprechen. Dem Menschen stehen alle Religionen, die nach göttlichem Willen bestehen, als Wege offen, die ihn zurückführen können in die göttliche Heimat. Unabhängig von den äußeren Formen gehört zu allen Glaubenslehren als wichtigstes Gebot das Gebot der Liebe. Es ist die Bestimmung unseres Planeten, daß der Mensch den Menschen zu respektieren lernt, auch den andersgläubigen Menschen. Jeder Zwang, den wir auf andere ausüben, stellt nicht nur einen Verstoß gegen die persönliche Freiheit, sondern auch gegen das göttliche Gesetz dar. Wenn selbst Gott den freien Willen der Menschen respektiert, sollten wir nicht meinen, wir dürften durch Missionieren Menschen in ein ihnen fremdes Bewußtsein hineinzwingen.

Die Götter in der Kausalsphäre sind verantwortlich für die unserem Planeten geoffenbarten Wahrheiten, die die Religionen verkünden sollten. Da die Menschen diese Wahrheiten vielfach mißverstanden und ihrem Machtstreben dienstbar gemacht haben, werden die Bewußtsein dieser Götter die entstellten Lehren der Religionen schließlich zum Verschwinden bringen und im Laufe der Zeit alle Menschen zu einem, dem wahren Glauben hinführen. Dieses wird die nächste Offenbarung im Zyklus der menschlichen Evolution sein, den das Wassermannzeitalter bereits eingeleitet hat. Die Kirche Christi – und damit meine ich nicht die soziale Organisation – wird langsam in jedem Menschen in Erscheinung treten, d.h., alle Menschen werden sich ihres göttlichen Wesens, der Christuskraft im Innern, bewußt. Immer mehr Menschen werden die Seelenbewußtsein mit den Bewußtsein des Körpers vereinen. Und diese ganzheitliche Bewußtseinsentwicklung bezeichnet die geistige Welt als die mystische Ehe oder als die Geburt Christi im menschlichen Leben.

Zum Zeitpunkt der Wende werden viele Bewußtsein der Götter aus der Kausalebene auf unserem Planeten in Erscheinung treten, und die Menschen werden in ihnen Christus erkennen, Christus in vielen unterschiedlichen Persönlichkeiten. Durch sie wird die Liebe Jesu und die Kraft Christi wie durch eine Stromleitung allem Leben und allen Dimensionen zufließen. Der Mensch auf der Ebene der sterblichen Sinne wird nicht mehr versuchen, die Liebe Gottes zu definieren, vielmehr wird er durch die Entwicklung seiner außersinnlichen Wahrnehmung Gott erfahren, er wird das Bewußtsein Gottes, den Christus in sich verwirklichen.

Die Vorbereitung auf den Tod

Auch wenn der Leser die folgende Schilderung der Vorbereitung auf den Tod und des Sterbevorgangs nicht in allen Einzelheiten versteht, ja selbst wenn er sie innerlich ablehnt und nicht für möglich hält, wird das Gelesene in seinem höheren Bewußtsein gespeichert. Man braucht auch keine Angst zu haben, etwas falsch zu machen, weil das Gespeicherte in jedem Fall dem Menschen in seiner letzten irdischen Stunde als Hilfe zufließen wird.

In der Zeit, als ich im Krankenhaus arbeitete, habe ich viele Menschen mit fürchterlichen Todeskämpfen und von schrecklicher Angst geplagt sterben sehen. Bis heute habe ich dies nicht vergessen können. Damals wurde mir bewußt, daß sie sich hauptsächlich vor dem Ungewissen, vor dem unheimlichen Reich des Unbewußten, fürchteten. Die Frage nach dem möglichen Danach bleibt in der wichtigsten Stunde des Lebens meistens unbeantwortet. Todesangst breitet sich aus, in der sich der Sterbende krampfhaft am Leben festzuhalten versucht. Es kommt zum Kampf gegen den Tod.

Es hat sich so gefügt, daß ich durch die Entdeckung meiner medialen Anlagen und die dadurch ermöglichten besonderen Erfahrungen und Einblicke in den Stand gesetzt wurde, mir über die Vorgänge beim Sterben ein Wissen anzueignen, das sicherlich für viele Menschen eine Hilfe sein kann. Durch besondere Erlebnisse wurde ich im Laufe meines Lebens schrittweise an dieses Wissen herangeführt.

Wenn die Stunde naht, wo wir den physischen Körper verlassen müssen, oder, wie ich es empfinde, verlassen dürfen, ist es für den Sterbevorgang von größter Bedeutung, daß wir rechtzeitig gelernt haben, was eigentlich im Tod mit uns geschieht und was wir tun können, um die Sterbeangst zu besiegen – oder mehr noch: sich auf die größte Reise unseres Lebens bewußt, unbefangen und voller Hoffnung zu freuen. Es gibt Berichte aus allen Epochen, daß Menschen den Schritt über die Schwelle in Frieden und in tiefer Harmonie taten. Und es gab und gibt Kulturen, in denen beim Hinübergang eines Menschen statt einer Trauerfeier ein Freudenfest veranstaltet wird und die Hinterbliebenen Gott dafür danken, daß der Geist des Verstorbenen sich von den Fesseln des Körpers lösen durfte. Ich wage die Behauptung, daß sich diese Haltung zum Tod im neuen Zeitalter auch bei uns durchsetzen wird. Die Einstellung, die zu solcher inneren Freiheit und Gelassenheit führt, kann nicht erst auf dem Sterbebett erworben werden. Das Kind würde die Angst vor dem Tod nicht kennen, wenn wir sie ihm nicht einpflanzen würden, sondern es hätte die Fähigkeit, den Tod als natürliches Geschehen zu empfinden, als ein Sterben, um zu werden.

Die Sterbevorbereitung müßte schon im Kindesalter beginnen. Gerade das Kleinkind, dessen Erinnerungen an seine vorgeburtliche Existenz noch nicht verdrängt sind, hat mehr Verständnis für die großen kosmischen Zusammenhänge, als wir Erwachsene vermuten. Ich weiß, daß es für den einzelnen nicht leicht ist, eine richtige Einstellung zum Tod als Brücke ins Licht zu gewinnen, wenn er in einer Kultur lebt, die den Tod als Schrecken empfindet. Man kann feststellen, daß Menschen, die ein geistig-seelisches Wachstum anstreben und sich auf ihrer inneren Suche um Bewußtwerdung bemühen, immer auch in ein anderes Verhältnis zum Tod hineinwachsen. Zu Recht ist immer gesagt worden, daß ein Weiser auch daran zu erkennen sei, daß er die Angst vor dem Tod verloren habe. Das Wissen über den Sinn des Lebens und Sterbens läßt sich nicht allein durch Verstandesarbeit erwerben, sondern die großen geistigen Gesetze, die das Universum lenken, erschließen sich nur dem, der sich als Suchender auf den Weg gemacht hat. Es spielt keine Rolle, welchen geistigen Weg man wählt, ob Meditation, Kontemplation, Gebet, Yoga, Autogenes Training oder Positives Denken, wichtig ist nur, daß man einen solchen Weg auch geht. Sich auf den Tod vorzubereiten heißt nicht, ständig daran zu denken, sondern sich durch den geistigen Weg mit ihm vertraut zu machen, um angstfrei durch ihn hindurchzugehen und neu geboren zu werden.

Ich möchte nicht versäumen, an dieser Stelle Frau Dr. Elisabeth Kübler-Ross für ihre wertvollen Bücher über das Sterben herzlich zu danken. Sie hat Tausende von Sterbenden auf ihrem letzten irdischen Weg begleitet. Es ist ihr Verdienst, daß dieses Thema wieder öffentlich aufgegriffen wurde. Vielen Menschen wurde anhand ihrer Schilderungen die Sterbebegleitung erleichtert. Frau Kübler-Ross beschreibt, daß jemand, der seinen Tod vor sich sieht, im allgemeinen fünf Phasen durchschreitet:

Erste Phase: Nicht-wahrhaben-Wollen
Zweite Phase: Zorn
Dritte Phase: Verhandeln
Vierte Phase: Depression
Fünfte Phase: Zustimmung

Frau Kübler-Ross sagt, daß nicht in jedem Falle alle Sterbephasen durchlaufen werden müssen. Ich habe beobachtet, daß sich die Menschen, die sich auf den Tod vorbereitet hatten, direkt auf die Stufe der Hoffnung und Zustimmung fallen lassen konnten, ohne die anderen Phasen durchleiden zu müssen.

Je größer die innere Bereitschaft ist, den Körper wie ein Kleid abzustreifen, um so offener wird man auch für die Hilfen, die uns aus der nächsten Dimension zufließen. Ich darf den Lesern ans Herz legen, den seelischen Kontakt zu ihren Helfern in den geistigen Dimensionen zu suchen. Auch hierbei kommt es nicht darauf an, in welcher Glaubensform dies geschieht und ob wir von Schutzengeln oder von der inneren Stimme sprechen. In jedem Falle bereitet dies den einzelnen automatisch in den für das Verstandesdenken unbewußten Schichten auf den Tod vor.

Als Vorbereitung auf das Sterben ist es auch hilfreich, wenn wir von Zeit zu Zeit den folgenden Satz als Gebet sprechen:

> Gott Vater, laß aus Deinem Heiligen Geist die Gnade in mich fließen, damit ich lernen kann, diese Welt loszulassen, an die ich durch meine Entwicklung gefesselt bin.

Diese Worte sind Schwingungen, die in jenen bereits beschriebenen Astralbereich fließen, wo sie geprüft werden, und wenn sie reinen Herzens gesprochen sind, strömt die Energie dieses Gebetes als Gnade in den Menschen zurück und löst in ihm Ängste nicht nur dieses Lebens, sondern aller Leben auf, Ängste, die in unbewußter Form als Energie in seinem Körper wirken.

Eine der größten Hilfen, dem Tod gelassen entgegenzusehen, ist immer noch ein ruhiges Gewissen. Menschen mit einem schlechten Gewissen sind Gejagte und verbrauchen viel nutzlose Energie. Wenn man jeden Abend vor dem Einschlafen kurz über den Tag nachdenkt, lernt man, bewußter zu leben.

Ich empfehle auch, sich immer von einem Menschen so zu verabschieden, als sei man ihm das letzte Mal begegnet. Auch dies ist, wenn es ein Leben lang geübt wird, eine in seiner Wirksamkeit für uns unvorstellbare Vorbereitung auf den Tod.

Bevor der Tod eintritt, beginnt der Sterbende außersinnlich wahrzunehmen. Die Energiezentren öffnen sich wie Blumen. Unabhängig von den fünf Sinnen beginnt der Sterbende, in Ebenen der Astralwelt hineinzusehen. Unwissende äußern dann oft, daß der Patient nicht mehr bei Sinnen sei, phantasiere oder wirres Zeug rede. Aber wie viele Menschen haben nicht schon erlebt, daß Sterbende die Namen längst verstorbener Bekannter und Verwandter nennen und dann regelrechte Gespräche mit ihnen führen. Sie antworten dann offenbar auf gestellte Fragen, und an ihrem Blick, der auf eine bestimmte Stelle im Zimmer gerichtet ist, erkennt man, daß sie etwas sehen, was für andere unsichtbar ist. Die Sterbenden sind dann so in das Gespräch vertieft, daß sie plötzlich gestikulieren und auch Bewegungen mit Armen und Händen machen, zu denen sie vorher krankheitsbedingt nicht fähig waren. Manche, die das Geschehen nicht fassen können, sagen dann, der Sterbende sei in seine Kindheit zurückgefallen, und er wüßte nicht mehr, daß die Verwandten längst tot seien.

Daß manchmal durch solche »unsichtbaren Begegnungen« auch noch Hilfe im Augenblick des Todes möglich ist, darf ich an zwei Beispielen verdeutlichen.

Ein Erlebnis am Sterbebett ist mir unvergeßlich. Eine mir liebe Bekannte lag seit drei Monaten, von Krebs befallen, im Krankenhaus, wo ich sie regelmäßig besuchte. Ihr körperlicher und geistiger Zustand war so sehr angegriffen, daß sie zeitweise nicht mehr bei Bewußtsein war; die überaus großen Schmerzen veranlaßten die Ärzte, ihr täglich Morphium zu spritzen. Sie war unfähig, sich allein im Bett aufzurichten oder irgend etwas für sich zu tun. Wenn ich sie besuchte, kam es hin und wieder vor, daß sie für einige Minuten die Augen öffnete und mich erkannte. Die Kraft zu sprechen hatte sie nicht mehr. Ich saß dann oft an ihrem Bett, hielt ihre Hand und redete mit ihr über den bevorstehenden Tod. An ihrer sich steigernden Unruhe erkannte ich, daß sie sich davor fürchtete. Ihr Zustand verschlechterte sich zusehends. Eines Nachmittags rief man mich an und bat darum, daß ich die im Sterbekampf liegende Bekannte sofort aufsuchen möge. Als ich das Zimmer betrat, wälzte sie sich im Bett hin und her und stieß schreckliche Angstlaute aus. Ich setzte mich an den Bettrand und konnte sie mit gutem Zureden langsam beruhigen. Die ihr verabreichten Drogen machten es ihr unmöglich zu sprechen, aber sie erkannte meine Stimme. Ich sagte ihr, daß ich bei ihr bleiben würde, bis sie ins nächste Leben hinübergewechselt wäre.

Nach einer halben Stunde war plötzlich ihr Leben erneut von einem Erstickungsanfall bedroht, und als dieser abgeklungen war, lag sie erschöpft in ihren Kissen. Nach geraumer Zeit – für mich ganz unerwartet – öffnete sie ihre Augen. Sie starrte an die ihr gegenüberliegende Wand und redete zuerst wirr und unverständlich vor sich hin. Sie war sehr aufgeregt, und ich fragte sie, was sie sehe. Obwohl sie vorher während mehrerer Wochen nicht mehr gesprochen hatte, nannte sie mir drei Namen. Unter größter körperlicher Anstrengung sagte sie, ihre beiden Schwestern und ihr Vater selig stünden an dieser Wand. »Sie kommen mich holen«, wiederholte sie immer wieder. Ich sagte ihr, daß sie nun keine Angst mehr haben müsse und ihre Verwandten ihr bestimmt beim Übertritt ins nächste Leben helfen würden. Tränen rannen über ihr Gesicht, und ihr ganzer Körper zitterte. Wie von unsichtbarer Kraft hochgezogen, setzte sie sich plötzlich auf, streckte die Arme aus und sagte zu den unsichtbaren Verwandten: »Kommt her, hier bin ich. Seht ihr mich? Ich sehe euch. Ja, wenn ihr mich holt, bin ich bereit.«

Sie atmete tief aus, und ihr lebloser Körper fiel in die Kissen zurück. Ich empfand eine furchtbare Leere im Zimmer.

Vor einiger Zeit besuchte mich eine Dame, die in einer Hellseh-Sitzung erfahren wollte, ob es von der geistigen Welt aus eine Hilfe für ihren im Sterben liegenden Vater gebe, eine Hilfe, die sie als Unwissende ihm nicht zu geben vermochte. Sie habe alles ihr Mögliche getan, mit ihrem Vater auch über den Tod gesprochen, ihm Mut gemacht, das Leben loszulassen, aber alles ohne Erfolg. Der Körper des Sterbenden war durch die Krankheit bereits so verfallen, daß es den Ärzten unbegreiflich war, daß er noch leben konnte. Sein Verstand war ungetrübt. Im tranceähnlichen Zustand sah ich plötzlich seinen längst verstorbenen Bruder, der sich auch mit Namen nannte. Ich durfte der Dame von ihm mitteilen, daß er sich um seinen Bruder in der Stunde des Sterbens bemühen werde. Am darauffolgenden Tag um 20 Uhr werde dieser sein irdisches Leben beenden. Ich durfte der Dame auch mitteilen, daß der sterbende Vater zu gegebener Zeit seinen Bruder sehen werde. Man sagte ihr auch, sie solle ihrem Vater mitteilen, daß beim Übertritt sein Atem in den Astralkörper übergehe.

Als mich die Dame verließ, war sie seelisch ruhig und getröstet. Zwei Tage danach rief sie mich an und dankte, daß durch die Hilfe, die aus der Sitzung hervorging, ihrem Vater das langersehnte Sterben ohne Angst ermöglicht worden sei. Im Koma habe er laut mit seinem verstorbenen Bruder gesprochen, bis er dann um 20 Uhr, wie angekündigt, den Schritt über die Schwelle der Erde getan habe.

Ich kann und will in Sitzungen generell nicht den Zeitpunkt des Todes eines Menschen nennen. Die Ausnahme im beschriebenen Fall war eine konkrete Sterbehilfe. Nach meiner Ansicht hat ein Mensch sonst niemals das Recht, dem göttlichen Plan vorzugreifen, weil eine solche Auskunft nur Angst stiftet und keine Hilfe darstellt.

Wer weiß, daß solche Erlebnisse keine Einzelfälle sind, muß es als skandalös empfinden, daß es noch heute vorkommt, daß Sterbende in Badezimmer oder Abstellkammern der Krankenhäuser verlegt werden. Das macht mich zutiefst traurig. Welche wunderbare Hilfe wäre es für die Sterbenden, wenn man offen mit ihnen über den Tod reden, ein Gebet sprechen oder ihnen ruhige Musik vorspielen würde. Auch Klänge sind Schwingungen, die das Loslösen vom Körper und die Geburt ins nächste Dasein erleichtern.
Die Verwandten und Angehörigen eines Sterbenden können die letzten Stunden erleichtern, aber auch sehr erschweren. Wie häufig flehen sie den Sterbenden an, er möge sie noch nicht verlassen, oder gaukeln ihm vor, daß sich sein Zustand bald wieder bessere. Sicher ist man traurig, wenn man einen lieben Menschen verliert. Liebt man ihn aber wirklich um seinetwillen, dann weiß man, daß

ein Mensch uns immer nur anvertraut und nicht unser Besitztum ist. Er ist nicht »mein« Mann, nicht »mein« Sohn. Kein Mensch gehört einem anderen, weil der Mensch ein Geschöpf Gottes ist. Einen Sterbenden zurückhalten zu wollen ist besitzergreifend. Nur aus selbstloser Liebe erwächst uns in allen Lebens- und Sterbenssituationen die nötige innere Kraft, den Verlust eines lieben Menschen zu tragen.

An dieser Stelle darf ich noch einmal an meine Erfahrungen in vielen Sitzungen erinnern, in denen mich unzählige Seelen aus der Astralwelt inständig angefleht haben, man möge sie doch von der Trauer der Zurückgebliebenen erlösen. Die Gedanken der Trauer fließen durch die seelische Verbindung, also durch den Astralleib, dem Verstorbenen als negative Energie zu und hindern ihn am Weiterkommen. Die Energie der Trauer ist wie ein Magnetstrom, der den Astralkörper des Verstorbenen immer wieder in die Erdsphäre zurückzieht. Dies bereitet dem feinstofflichen geistigen Wesen nicht nur seelische Schmerzen, sondern stört ihn auch in seiner freien Entwicklung.

Ich gebe meinen Lesern zum Schluß dieses Kapitels eine Meditation, mit der sie sich auf den Gedanken des Sterbens einstimmen können. Es genügt, wenn sie dies einmal im Jahr tun. An Ostern sind die kosmischen Schwingungen hierfür am besten. Wählen Sie für die Meditation einen Raum aus, in dem Sie ungestört etwa zwanzig Minuten meditieren können. Lassen Sie eine ruhige Musik laufen. Setzen Sie sich bequem auf einen Stuhl und schließen die Augen.

Atmen Sie bewußt Harmonie, Ruhe und Frieden ein und alles Sie Belastende tief aus.
Tun Sie es so lange, bis Ihr Körper zur absoluten Ruhe gelangt.

Versuchen Sie sich vorzustellen, daß Sie vom All langsam eingehüllt werden.
Stellen Sie sich weiter vor, daß am Horizont ein Stern aufgeht.
Jedes andere aufsteigende Gefühl und jeden anderen Gedanken lenken Sie mit Hilfe Ihrer Vorstellungskraft in den Punkt direkt unter dem Nabel.
Sie tun weiter nichts, als jedes Empfinden immer wieder dorthin zu lenken.
Nach einer gewissen Zeit beginnen Sie, Ihre Mitte zu spüren, und Harmonie, Ruhe und Friede hüllen Sie ganz ein.
Nun fixieren Sie weiterhin den Stern am Horizont.
Sie werden immer ruhiger und bekommen das Gefühl, daß Sie leichter und leichter werden.
Alle Angst löst sich in Harmonie, Ruhe und Frieden auf.
Sie sehen nur den Stern, fühlen nur noch, wie Sie vom All eingehüllt sind.
Ihr Körper ist angenehm warm, und mit jedem Atemzug vertieft sich Ihr Ruhezustand.
Sie lassen den Stern nicht aus den Augen.
Langsam erfassen Sie nun den Hintergrund, und das All weitet sich unendlich aus.
Licht und Friede beginnen, auf Sie zuzufließen.
Sie lassen es geschehen und fließen nun selbst.
Sie sind Schwingung und Licht und durchbrechen die Grenze des Hier.
Sie fühlen sich unendlich geborgen.
Tiefe Freude und das innere Wissen um das Loslassen, wenn Ihre Zeit reif ist, erfüllt Ihr Wesen mit Zuversicht und Kraft.
Sie sind wissend und für jede Sekunde des Lebens vorbereitet.

Bleiben Sie in dieser Besinnung während einiger Minuten.
Friede ist in Ihnen und um Sie herum.
Friede fließt in Sie hinein und aus Ihnen heraus.
Dann atmen Sie tief aus und kehren in Ihr Tagesbewußtsein zurück.

Der eigentliche Sterbevorgang

Wenn der Sterbende in sich die Bereitschaft spürt, den Sterbeakt bewußt zu vollziehen, ist nur noch seine außersinnliche Wahrnehmung aktiv. Über sie wird er anwesende Helfer aus der Astralsphäre, auch verstorbene Verwandte und Freunde, sehen oder sie empfindungsmäßig wahrnehmen. Im wahrsten Sinne kann man diese Wesen als Geburtshelfer bezeichnen. Ein bewußt Sterbender erlebt die Phase der außersinnlichen Wahrnehmung in jedem Falle, auch wenn die Anwesenden nicht feststellen können, daß er Gespräche mit feinstofflichen Wesen führt oder in anderer Weise Kontakt hat. Sie sagen dann gerne, der Verstorbene sei »friedlich eingeschlafen«.

Die Schwingungen der Geburtshelfer magnetisieren den physischen Körper so lange, bis das Verstandesbewußtsein oder das menschliche Bewußtsein überhaupt ausgelöscht ist. Das bedeutet für den physischen Körper, daß dieser in eine Art Schlaf fällt. Auch wenn in vielen Fällen der Atem des Sterbenden dabei sehr schnell geht, fühlt er sich geborgen, und eine tiefe Harmonie breitet sich in ihm aus. Die geistigen Geburtshelfer erzeugen im Umkreis von etwa einem Meter ein kräftiges blaues Energiefeld, das dem Sterbenden als energetisches Schutzfeld dient, in das hinein keine störenden Energien von anderen Anwesenden fließen können. Das Magnetisieren durch die geistigen Helfer ändert den Energiefluß zwischen den feinstofflichen Körpern und dem physischen Körper, in dem sich eine Gefühls- und Temperaturveränderung zeigt. Die Energien beginnen, nur noch in eine Richtung zu fließen, und der Körper wird dadurch von der Anziehungskraft des Erdmagnetismus frei, was bewirkt, daß sich der Astralleib leichter lockern kann. Während unseres Erdenlebens unterliegen wir bestimmten magnetischen Feldern durch die Anziehungskraft der Erde. Wäre dem nicht so, würden wir ohne Kontakt zur Erde schweben. Beim Austritt des Astralkörpers muß dieser einem neuen magnetischen Feld mit seinen Kraftwirkungen angepaßt werden. Diese Umpolung, die der Sterbende als Schwebegefühl erlebt, geschieht durch die astralen Helfer.

All dies kann nur geschehen, wenn ein Sterbender bewußt stirbt, das heißt, wenn er innerlich auf den Tod vorbereitet ist und ihn als eine Geburt in die geistige Ebene versteht. Die Helfer weisen den Sterbenden sodann an, daß er sich nun in seiner Vollendung und in seinem innersten Empfinden darauf vorzubereiten hat, daß sich alle drei Körper, der physische, der astrale und der mentale, voneinander trennen. Der Sterbende selbst fühlt dabei eine ihm ungewohnte Lockerung zwischen den drei Körpern. Dies zeigt sich manchmal in einer Art Schütteln oder Vibrieren, etwa so, als würde er, auf dem Boden liegend, von einem Physio-Therapeuten an den Füßen hochgehoben und leicht geschüttelt werden. Der Sterbende hat den Eindruck, in drei Schichten dazuliegen. Man kann auch das Bild dreier ineinanderpassender Schalen oder zweier Schattenkörper über dem physischen Körper anwenden.

Über seine außersinnliche Wahrnehmung nimmt er im feinstofflichen Bereich ein reges Tun wahr und spürt, daß sein Bewußtsein ihm empfiehlt, nun den Mentalkörper aus seinem physischen Körper herauszulassen. Die Vorstellungskraft des Sterbenden spielt hierbei eine wichtige Rolle und stellt eine ganz bestimmte, aus dem höheren

Bewußtsein fließende Energie dar. In den meisten Fällen ist es so, daß der Mentalkörper für den Sterbenden selbst etwa zwei bis drei Meter von ihm entfernt, meistens an der Decke schwebend, sichtbar wird.

Nun ist es wichtig, daß er willentlich dem Bewußtsein seines Astralkörpers befiehlt, auszutreten. Der Sterbende selbst fällt nach diesem Geschehen in einen Koma-Zustand und ist aus ärztlicher Sicht bereits klinisch tot. Der Sterbende hat in diesem Zustand noch einmal eine letzte Möglichkeit, über sein gelebtes Leben nachzudenken, wenn er die Gnade annehmen will, das folgende Gebet zu sprechen:

> Gott, ich weiß, daß ich Deiner göttlichen Liebe am nächsten bin, wenn ich das Unverzeihliche verzeihe.

Es ist nicht der Verstand, der dieses Gebet spricht, sondern das astrale Bewußtsein. Mit dem Unverzeihlichen ist das gemeint, was andere ihm und was er sich selbst angetan hat.

Der Astralkörper wird zunächst vom physischen Körper, das heißt vom magnetischen Kraftfeld der Erde, immer wieder automatisch angezogen. Es folgt ein mehrfaches, wenn auch nur teilweises Aus- und Wiedereintreten des Astralkörpers. Der Sterbende kann und soll mit der Kraft seines Bewußtseins seinen Astralkörper vom physischen Körper fernhalten. Tut er dies nicht, kommt es zu einem leidvollen Sterbekampf. Es ist also wichtig, den Austritt des Astralkörpers zu wollen und seinen Wiedereintritt zu verhindern. Ich bitte die Leser, diese Aussage wenigstens gefühlsmäßig anzunehmen, auch wenn der Verstand jetzt noch nicht ja dazu sagen kann. Der Mensch ist nun einmal so veranlagt, daß er sich gegen alles ihm Unbekannte automatisch zur Wehr setzt, und dies würde beim Sterbevorgang dazu führen, daß er sich gegen den Austritt des Astralkörpers wehrt und somit ein natürliches Geschehen stört. Wenn wenigstens die Bereitschaft besteht, das Gesagte innerlich offen zu lassen, ist das Unbewußte mit diesem Vorgang vertraut, und das innere Wissen taucht dann wie eine Aha-Erinnerung im Sterbenden wieder auf und verhindert Kämpfe, die sich als schmerzhafte Geburtswehen äußern.

Der bewußt Sterbende erhält von den geistigen Geburtshelfern die Anweisung, in welchem Moment sein irdischer Atem in den Astralkörper überzugehen hat. So lange dieses nicht geschehen ist, lebt die irdische Hülle weiter.

So wie der Sterbende zunächst seinen Willen einsetzen muß, den Astralkörper austreten zu lassen, muß er jetzt wollen, den Atemvorgang vom physischen in den astralen Körper zu verlegen.

Bevor der Sterbende über die Schwelle der Erde tritt, zeigen ihm seine geistigen Helfer verschiedene Wege, von denen er einen auszuwählen hat. Jeder Weg führt im eigentlichen Sinne in ganz bestimmte Bewußtsein, man kann auch sagen: in eine ganz bestimmte Zone der astralen Welt. Ein bewußt Sterbender weiß, daß er die geistigen Helfer befragen darf, bevor er seinen Weg wählt. Es obliegt seinem freien Willen, zu entscheiden, welche Entwicklungsfrequenz er aussucht; das heißt, er hat die Möglichkeit, auf dem Übergang von hier nach drüben, der nach unserer Zeitrechnung einige Minuten dauert, so viel zu lernen wie in etwa drei gelebten irdischen Leben.

All dies zeigt, welchen Unterschied es macht, ob wir bewußt oder unbewußt sterben. Bewußt sterben ist ein Zustand der Gnade, von dem auch die Kirche spricht. Reue in diesem Zusammenhang heißt wohl, daß sich der Sterbende seines Zustandes bewußt ist. Wenn jemand rücksichtslos gelebt hat, kann Reue auf dem Sterbebett zwar bedeuten, daß er nicht blind ins nächste Leben hineingeboren wird. Er muß gleichwohl seine begangenen Verfehlungen im nächsten Dasein aufarbeiten.

In den wenigen Minuten, in denen sich für den Sterbenden Welten auftun, wird ihm bewußt, daß er nur eine Welt verläßt, um in eine andere hinüberzugehen. Wenn die geistigen Helfer ihre Vorbereitungen in den feinstofflichen Bereichen abgeschlossen haben, ist der Sterbende bereit, den Atem in den Astralkörper zu verlegen, worauf mit dem nächsten Ausatmen der physische Tod eintritt. Die Verbindung der Silberschnur wird von geistigen Helfern durchtrennt. Es ist logisch, daß sich, wenn der Mensch stirbt, der Ätherkörper mit seinen Energiezentren, der als äußere Schutzhülle für die Existenz des Lebens wichtig war, wieder auflöst. Und da nichts verlorengeht, wandelt er sich im Universum in eine andere, uns dienliche kosmische Kraft um. Es dauert drei Tage, bis sich der Ätherkörper ganz aufgelöst hat.

Das neugeborene astrale Wesen, das wir als Toten bezeichnen, kann nun in Begleitung vieler Freunde den ausgewählten Weg antreten. Es ist nicht so, daß das Astralwesen nach seinem Austritt sofort in die Astralebene eintreten könnte. Der Mentalkörper kehrt in seine angestammten Sphären zurück, bleibt aber in Verbindung mit dem astralen durch die Silberschnur. Wir können uns das so vorstellen, daß sich über den ganzen Weg, den das neugeborene Lichtwesen ausgewählt hat, ein Lichtstrahl hinzieht, der eine Anziehungskraft auf das Astralwesen ausübt. Es zeigt sich jedem Wesen ein individuelles Bild seines Weges. In meinen Hellseh-Sitzungen haben mir Verstorbene geschildert, wie dieser Übergang aussehen kann. Der eine sieht einen langen, hellerleuchteten Tunnel, von dem er sich angezogen fühlt. Wenn er durch ihn hindurchgeht, hört er herrliche Melodien und gelangt ins Licht. Ein anderer wird über eine Blumenstraße geführt, einem dritten zeigt sich ein funkelnder Sternensee, über den er ans andere Ufer schwebt. Wieder ein anderer sieht eine Brücke, die ihm zur Brücke ins Licht wird.

Der Verstorbene fühlt sich wie ein neugeborenes Kind, das seine Umwelt zuerst identifizieren und kennenlernen muß. Auf dem ausgewählten Weg sind Energiefrequenzen vorhanden, die dem Bewußtsein des astralen Wesens zugeführt werden und aus denen es bereits Entscheidungen treffen kann, für welche Aufgaben es sich bereithalten will. Nach Zurücklegung einer gewissen Wegstrecke erkennt das Wesen, wie weit seine Bewußtsein entwickelt sind, und weiß aus sich selbst und durch die Hilfe anderer Geistwesen, in welche astrale Zone es kommt.

Während dieses Übergangs hat das Wesen nochmals die Möglichkeit, eine höhergestellte Aufgabe auszuwählen, ohne jedoch zu wissen, mit welcher Bewußtseinsentwicklung oder welchem Schwierigkeitsgrad diese verbunden ist. Eine höhergestellte Aufgabe wird sozusagen dem Wesen angetragen, und oft kommt es vor, daß durch die Glaubenskraft ein Ja von ihm ausgesprochern werden kann. Das wiederum bedeutet, daß in der astralen Sphäre durch dieses Ja, durch diesen Glaubensakt, gewisse Entwicklungszonen überwunden sind, die bei einem Nein hätten erarbeitet werden müssen. Erst nach dieser Entscheidung kann ein solches Wesen endgültig ins nächste Dasein hinüberwechseln. So, wie sich die Auflösung des Ätherkörpers über drei Tage hinzieht, braucht es weitere drei Tage, bis der endgültige Übergang ins nächste Dasein vollzogen ist. Bei bewußt sterbenden Menschen ist ein Todeskampf ausgeschlossen, und in seinem nächsten Leben gibt es weder Traurigkeit noch Verlassenheit. Es setzt der nächste Entwicklungsprozeß ein, wie es das göttliche Gesetz vorsieht.

Wenn sich ein Mensch im Laufe seines Lebens niemals mit dem Sterben auseinandergesetzt und diese Wirklichkeit, die auch zu seinem Leben gehört, immer nur verdrängt hat, also dann auch unbewußt stirbt, wird er beim eigentlichen Sterbeakt schreckliche Qualen empfinden, und die fürchterlichsten Todesängste werden ihn fast zerreißen. Ein solcher Mensch will nicht sterben, und anstatt seinen Willen einzusetzen, damit die feinstofflichen Körper austreten können, setzt er diesen ein, um mit aller Gewalt am Leben zu bleiben. Dadurch verhindert er einen natürlichen Todesablauf. Manchmal wird einem solchen Verstorbenen bewundernd nachgesagt, er habe bis zum letzten Atemzug tapfer um sein Leben gekämpft. In Wirklichkeit kommt es für den Sterbenden einem Ersticken gleich, wenn er die feinstofflichen Körper immer wieder in den physischen zurückzwingt. Dieser Sterbekampf kann viele Tage oder Wochen dauern.

Kein Mensch kann diese fürchterlichen Qualen nachempfinden. Dieser schreckliche Kampf dauert so lange an, bis sich die feinstofflichen Körper gewaltsam vom physischen loslösen können.

Ein solcher Mensch blockiert durch sein Unwissen die außersinnliche Wahrnehmung. Dadurch ist er gehindert, vorhandene Geistwesen, die sich seiner annehmen wollen, zu erkennen. Er ist blind, taub und stumm und geht als Blinder aus seinem physischen Körper heraus. Er kommt sich vor wie ein Verirrter und versucht nach Eintritt seines Todes zunächst krampfhaft, sich seines physischen Körpers wieder zu bemächtigen. Durch die Anwesenheit der Geisthelfer wird ihm dieses jedoch verwehrt, ohne daß er erkennt, weshalb. Oft bleiben solche Wesen für lange Zeit in der Erdatmosphäre, da sie in ihrer Blindheit die Brücke ins Licht nicht erkennen können. Unsere Religionen sprechen dann von umherirrenden Seelen. Es kann vorkommen, daß sich diese des Körpers eines anderen Menschen bemächtigen, weil sie sich ein anderes Dasein als das irdische nicht vorstellen können. Oftmals gelingt es ihnen, sich im Schwingungsfeld labiler Menschen einzunisten. Die Labilität dieser irdischen Wesen verstärkt sich dadurch so sehr, daß sie sich mit der Zeit als Fremde empfinden. Unsere Psychologie spricht dann von einem verwirrten Geist oder einer gespaltenen Persönlichkeit. Die meisten Menschen, die wir in die Kategorie der Schizophrenen einordnen, unterliegen solchen Einflüssen. Es wird nicht mehr allzu lange dauern, bis diese Erkenntnis, probeweise wenigstens, angewendet wird, so daß vielen Betroffenen geholfen werden kann.

Leider ist es so, daß unsere Mediziner durch Verabreichung von Medikamenten in hohen Überdosen häufig Schädigungen des menschlichen Gehirns und der Organe verursachen. Diese Schäden sind nicht mehr gutzumachen. Es bedeutet dasselbe, als wenn man einem Menschen ein Bein amputieren würde. Vorläufig ist es so, daß ein amputiertes Bein genauso wie durch Medikamente geschädigte Organe nicht nachwachsen, oder anders ausgedrückt: daß das Weltbewußtsein unseres Planeten zur Zeit noch nicht so weit entwickelt ist, daß dies geschehen kann.

Es gibt Wesen aus der astralen Welt, in deren Aufgabe es liegt, sich zu bemühen, solche verirrten Seelen auf den Weg zu führen. Meistens dauert dieser Entwicklungsprozeß einige Jahrhunderte. Nicht oft genug kann darauf hingewiesen werden, daß unsere Gebete, vorausgesetzt sie sind ehrlich und reinen Herzens gesprochen, Lichtfunken bedeuten, die wie Sterne in der Dunkelheit jenen Wesen leuchten. Menschen, die unbewußt starben, befinden sich über lange Zeit in diesem Zwischenbereich. Sie sind weder hier noch drüben zu Hause, sind aber immer erdorientiert, das heißt, sie versuchen mit viel Anstrengung, sich irgendwie in der irdischen Entwicklung zu manifestieren. Auch aus diesem Grunde ist das Schließen der Energiezentren und die Erdung durch das Schließen unseres Ätherkörpers von Bedeutung. Sterbequalen und Todesängste sind im geistigen Gesetz nicht enthalten, und es ist verständlich geworden, daß diese Folterungen vom Menschen selbst stammen.

Stirbt ein Mensch durch Unfalltod oder Herzschlag, ist dieses Geschehen einer Sturzgeburt gleichzusetzen. Ein solcher Mensch hat nach Austritt der feinstofflichen Körper immer ein offenes Bewußtsein für seine Situation in der neuen Daseinsform, weil er sich dieses in einer früheren Inkarnation erarbeitet hat. Er weiß also um seinen körperlosen Zustand und nimmt die ihn umgebenden helfenden Geistwesen wahr. Er wird über die Schwelle der Erde getragen und fühlt sich im neuen Leben sofort zu Hause. Daß ein solcher Mensch nicht im Ungewissen verharrt, ist im geistigen Gesetz enthalten. Alle Menschen, die durch einen unvorhergesehenen plötzlichen Tod aus dem irdischen Leben gehen, haben ihr Bewußtsein so weit entwickelt, daß für sie mindestens die vierte Dimension in der Astralwelt erarbeitet ist. Ich hoffe, daß diese Aussage für die Zurückgebliebenen ein Trost ist.

Wir müssen uns vermehrt bewußt werden, daß das Lebensalter über das Seelenalter, das heißt, über die seelische Reife, nichts aussagt. In einem jungen Körper kann eine sehr alte Seele wohnen. Dies erklärt, warum es möglich ist, daß auch schon Kinder in jungen Jahren diese Welt verlassen. Ihre Bewußtsein sind so weit entwickelt, daß in den meisten Fällen eine Rückkehr ins irdische Dasein ausgeschlossen ist. Das gilt auch für Fehlgeburten. Solche Wesen in der astralen Sphäre sind dann auch nur sehr selten über Medien erreichbar. Sie haben nicht nur die irdischen Dimensionen, sondern auch jene der astralen Sphäre überwunden. In vielen Fällen wissen diese Kinder intuitiv, daß ihr Dasein auf der Erde von kurzer Dauer ist. Sie haben das höchste Ziel erreicht und ihre Bewußtsein so geschult, daß sie alles, wirklich alles, loslassen können.

Oftmals ist es so, daß solche Kinder ihren Eltern eine Botschaft zu vermitteln haben. Da der irdische Mensch durch seine Struktur hauptsächlich nur über das Leid lernen kann, haben sich diese Kinder Eltern ausgesucht, denen sie durch das tragische irdische Geschehen eine besondere Chance geben wollen. Solche Eltern haben durch die Verarbeitung des Todes eines Kindes – ich sage nicht ihres Kindes – die Möglichkeit, ihre Bewußtsein zu höchster Form zu entwickeln. Das Leiden führt sie an eine Wegkreuzung. Durch dieses tragische Geschehen haben sie die Chance, nach dem Vorbild Jesu Christi ihr Leiden für die geistige Entwicklung der Welt aufzuopfern. Durch die Annahme des Leidens wird es zugleich aufgelöst. Auf diesem Wege lernen die Eltern auch das Loslassen.

Oder aber sie gehen den anderen Weg und hadern mit Gott. Dann macht ihre innere Verbitterung sie undurchlässig für die kosmischen Gesetze. Häufig werden sie zu Gefangenen ihres Schmerzes und erstarren innerlich so, daß sie keine Gefühle von außen mehr aufnehmen und auch keine mehr abgeben können. Das negative Schmerzenergiefeld beherrscht ihre ganze Entwicklung, und sie nehmen dadurch fast ausschließlich die Schmerzfrequenz der irdischen Welt auf, sind nur ihr angeschlossen. Durch ihr Verhalten stoßen sie sich selbst in die Dunkelheit der groben Materie und verschließen sich dem höheren geistigen Begreifen.

Alle betroffenen Eltern haben sich in anderen Leben und Daseinsformen genügend entwickelt, um nicht durch

Trauer und Unwissenheit in die irdischen Gesetze zurückfallen zu müssen. Dennoch kann dieses geschehen. Ich hoffe, daß diese Erklärung als Same in die Herzen der Menschen gelangt, der, wenn die Lebensumstände es erfordern, als Frucht des Geistes und als Brücke der Hoffnung in ihnen wächst und sie stark macht. Wir haben schon von der Polarität gesprochen: Es gibt kein Leiden im irdischen Dasein, und wäre es noch so fürchterlich, das nicht in geistigen Dimensionen seinen Gegenpol hätte, das heißt seinen positiven Sinn.

Ein Leben lang können wir uns auf den Tod vorbereiten. Über die Meditation und die gedankliche Auseinandersetzung mit dem Tod haben wir die Möglichkeit, dieses phantastische Geschehen des Übergangs in eine andere Welt begreifen zu lernen. Wir sind von geistigen Wesen umgeben, die unseren Lebens- und Sterbensweg liebevoll begleiten. In der allumfassenden Liebe Gottes geht nichts verloren. Unsere Aufgabe ist es, die irdischen Dinge im Lichte des kosmischen Geschehens zu sehen sowie Geburt und Tod in unserem Bewußtsein miteinander zu versöhnen. Nur so können wir ohne Angst leben und an das Sterben denken und beides als etwas Schönes begreifen. Die innere Erfahrung, daß Sterben Auferstehung bedeutet, macht unseren Blick frei für alle Welten und ermöglicht uns, die Brücke ins Licht zu schlagen.

Der klinische Tod

Beim klinischen Tod eines Menschen ist seine Organfunktion so sehr beeinträchtigt, daß er ohne technische Hilfsmittel wie Sauerstoffapparat, künstliche Ernährung und weitere medizinische Versorgung nicht am Leben bleiben könnte. Funktionsstörungen in einem solchen Ausmaß würden zu einem Herzstillstand führen. Jedem Menschen ist aber eine feste Lebensdauer vorbestimmt, unabhängig davon, in welchem körperlichen Zustand er sich befindet. Deshalb ist es fast in allen Fällen so, daß der Verletzte rechtzeitig medizinische Hilfe erhält. Wenn aber medizinische Hilfe ganz ausbleibt oder durch Abschaltung der Apparate abgebrochen wird und der Patient früher als zu der ihm bestimmten Zeit stirbt, legt er seine restliche Zeit der Entwicklung im Astralschlaf zurück. Es gibt also auch einen Astralschlaf, der an die Stelle eines irdischen Ablaufes tritt, und in dem gewisse Entwicklungsprozesse fortgesetzt werden, die durch äußere Umstände auf der Erde nicht stattfinden konnten. Dies ist wenig bekannt. Alles, also jede Entwicklung, hat seine Gesetzmäßigkeit im kosmischen Geschehen.

Wenn ein Mensch klinisch tot ist, ist sein ausgetretener Astralkörper tagsüber in der Nähe des physischen Körpers, und des Nachts hält er sich wie bei allen Menschen im Astralbereich auf. Die Maschine Körper wird dank der Fortschritte der technischen Medizin in Gang gehalten, ihr Motor wird vom Astralkörper über die Silberschnur angetrieben. Es sind die Seelenbewußtsein des Astralkörpers, durch die ein solcher Mensch, dessen normale Sinnesfunktionen ausgefallen sind, über die außersinnliche Wahrnehmung sieht, hört und empfindet. Seine Lebensform ist nicht so traurig, wie es die Gestalt und der Zerfall seines Körpers vermuten lassen.

Wenn der klinisch Tote auch durch äußere Einwirkung seine normalen Lebensfunktionen nicht mehr dem natürlichen Gesetz entsprechend ausüben kann, befähigen der ausgetretene Astralkörper und seine inliegenden Bewußtsein ihn dennoch, sich weiterhin nach dem irdischen Plan zu entwickeln. Die gewohnte Entscheidungsfähigkeit des Patienten funktioniert in anderen Seinszuständen. Über sein Hohes Selbst ist er imstande, beispielsweise sich seiner Familie oder seiner Freunde anzunehmen.

Angehörige von klinisch Toten berichten mir immer wieder, daß sie bei Entscheidungen, die sie zu treffen haben, durch die seelisch-geistige Verbindung mit dem klinisch Toten Hilfen in sich fühlen. Sie sagen, daß sie innerlich mit dem Kranken reden und zu ihrem Erstaunen Antworten erhalten. Die Angehörigen sind sich dabei meistens nicht bewußt, daß auch sie bei dieser Gelegenheit außersinnlich wahrnehmen. Da sich der klinisch Tote auf dem irdischen Plan weiterentwickeln will, versucht er, von sich aus in gedanklichen Kontakt mit seinen Angehörigen zu treten. Diese sollten nicht im falschen Glauben daran, daß wegen der Bewußtlosigkeit ein geistiger Kontakt ausgeschlossen sei, sich innerlich blockieren und dadurch die für alle Beteiligten so wichtige Kommunikation verhindern. Die Interessen für die irdische Welt sind also nur in den Gehirnfunktionen ausgelöscht, können aber über die außersinnliche Wahrnehmung funktionieren und anderen mitgeteilt werden, sei es im Traum oder durch das innere Wissen.

Dies macht auch den weiter vorne geschilderten Fall

der Dame, die über ein Jahr im Koma lag, verständlicher. Ihr Ehemann hatte sich in der inneren Gewißheit, daß der Kontakt mit seiner Frau nicht abgebrochen war, auch durch meine damaligen Zweifel und die verständnislosen Äußerungen anderer nicht irritieren lassen. Besonders viele Erlebnisberichte gibt es darüber, daß klinisch Tote vor ihrem Ableben ihre Verwandten und Freunde telepathisch zu sich ans Krankenlager rufen. Jene, die gerufen werden, spüren einen inneren Zwang. Sie sagen dann: »Ich weiß nicht weshalb, ich mußte einfach hingehen.« In diesem Zusammenhang erinnere ich an die Eltern, die im Kriege durch ihre besondere seelische Verbindung eine Verwundung oder den Tod ihres Kindes im Augenblick des Geschehens außersinnlich wahrnahmen.

Viele Menschen fragen sich, warum man jahrelang Patienten »künstlich« am Leben erhält und sie nicht sterben läßt. Wann immer diese Möglichkeit mit Hilfe der technischen Medizin gegeben ist, sollte sie genutzt werden: Ein solcher Mensch wird dadurch in die Lage versetzt, trotz seines bewußtlosen Zustandes den Zeitplan seines irdischen Lebens mit seiner Entwicklung einzuhalten.

Ich habe im Vorhergehenden lediglich von klinisch Toten gesprochen, die aus diesem Zustand heraus schließlich starben. Es gibt aber auch solche – und vor allem über sie gibt es viele Veröffentlichungen –, die wie durch ein Wunder dem irdischen Leben zurückgegeben wurden. Diese Menschen haben sich in allen früheren Leben so weit entwickelt, daß die Seelenbewußtsein ihres Astralkörpers fähig sind, in der vierten Dimension des Astralbereichs die nötigen Informationen und Hilfen zu holen, um den klinischen Tod ohne Schaden zu überstehen. Sie haben die Aufgabe, das Erlebte anderen zu vermitteln. Sie sind in gewissem Sinne Botschafter. Sie vertreten durch ihre gemachten Erfahrungen die feinstofflichen Welten.

Klinisch tot sein heißt also, sich in anderer Weise als über die Sinne und die Ausdrucksform des Körpers auf der irdischen Ebene zu entwickeln. Klinisch Tote können durch die außersinnliche Wahrnehmung das Geschehen der irdischen Welt und, bei gewissem Bewußtsein, das Geschehen in astralen Dimensionen gleichzeitig verfolgen, sich also gleichzeitig in beiden Welten entwickeln. Man kann sagen, daß der klinische Tod nur Ausdruck des physischen Zerfalls ist, und es müßte uns klar werden, daß die Formen des Lebens nur Hüllen sind und für das eigentliche Leben mit allen seinen Entwicklungsmöglichkeiten wenig Bedeutung haben. Wir sind Teil der Natur und in unseren Ausdrucksformen so vielfältig wie sie.

Die Erlebnisse der klinisch Toten, die ins Leben zurückkehren, sind in ihrem Ablauf einer gewissen Gesetzmäßigkeit unterworfen. Nachdem bei ihnen durch äußere Einwirkung, wie zum Beispiel einen Unfall, die Bewußtlosigkeit eingetreten ist, empfinden sie zunächst nur Dunkelheit und eine große körperliche Bedrängnis. Wie von weit her nehmen sie dunkle, unangenehme Geräusche oder aber auch helle, musikalische Klänge wahr. In Wirklichkeit sind diese Geräusche Vibrationen, die die Lockerung und den Austritt des Astralkörpers bewirken. Plötzlich schweben sie über ihrem eigenen Körper, den sie am Boden liegen sehen. Sie sehen Menschen, die sich um ihren Körper bemühen und hören sie sprechen, können sich ihnen aber nicht verständlich machen. Darüber sind sie erstaunt, ja es verwirrt sie. Dann haben sie den Eindruck, durch einen langen Tunnel geschleust zu werden. Sie sehen ein helles Licht am Ausgang des Tunnels und tauchen darin ein. Woher dieser Eindruck des Tunnels stammt, versuche ich am Ende dieses Kapitels zu erläutern.

Die Verletzten stellen dann fest, daß sich ihnen feinstoffliche Wesen nähern, und sie werden sich ihres körperlosen Zustandes bewußt. Langsam beruhigen sie sich. Sie werden von Schwingungen der Liebe und Geborgenheit immer fühlbarer eingehüllt. Dann nehmen sie ihren persönlichen Schutzengel wahr, der heller als alle anderem Wesen strahlt. Er veranlaßt – nach unserem Zeitbegriff in Sekundenschnelle –, daß der Lebensfilm des bisher gelebten, häufig auch anderer gelebter Leben vor ihrem geistigen Auge abläuft. Sie erkennen, daß ihre Zeit auf der Erde noch nicht abgelaufen ist. Der Lebensfilm weckt in ihnen den Wunsch, nicht in dieses Dasein zurückzukehren. Der Schutzengel, den man auch als Torhüter bezeichnet, gewährt ihnen für kurze Zeit einen Einblick in die feinstofflichen Sphären. Der klinisch Tote empfindet dies als Lichtsegen und gewinnt die innere Überzeugung, als Bote des Lichts ins irdische Dasein zurückkehren zu sollen. Er hat die Aufgabe, von seinen außerirdischen Erlebnissen der irdischen Welt zu berichten. In innerer Bereitschaft und durch die Hilfe seines Schutzengels wird sein Astralkörper in den vorerst noch leblos daliegenden physischen Körper zurückgedrängt. Der Torhüter hat ihm die Pforte ins Leben geöffnet und ihm so die Rückkehr ins irdische Dasein ermöglicht. Die Erlebnisse des klinisch Toten verändern in aller Regel sein Bewußtsein in einem Ausmaß, daß er zu Recht von einem zweiten geschenkten Leben spricht.

Das Erlebnis beim klinischen Tod, durch einen Tunnel geschleust zu werden, ist nicht leicht zu verstehen. Man spricht zu Recht von einem Zeittunnel. Zum Verständnis ist deshalb der Zeitbegriff wichtig. Die göttliche Urenergie, die geistige Quelle, ist ewig, ist ohne Anfang und Ende, unendlich und zeitlos. Wir können diese Zeitlosigkeit, die der Urenergie eigen ist, als Zeitfaktor Null bezeichnen. Während im Göttlichen alles ungeteilt und in der Einheit ist, herrscht, wie wir wissen, auf unserem Pla-

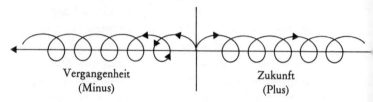
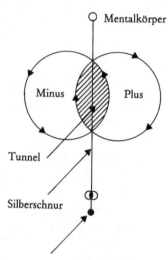
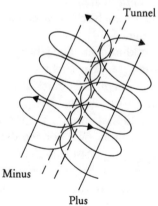

neten in allem die Polarität, gibt es statt der Zeitlosigkeit die Zeitfaktoren Plus und Minus, die Aufteilung in einen linearen Zeitablauf nach vorne in die Zukunft und zurück in die Vergangenheit – gesehen von der Gegenwart aus. Diese Zeitpolarität hebt sich in dem Grade wieder auf, in dem wir uns der göttlichen Urenergie annähern, bis Vergangenheit und Zukunft schließlich wieder in eins fallen.

Wir können uns das so vorstellen, daß sich die Linien in die Vergangenheit und in die Zukunft zunächst einander annähern, dann in die Parallele gehen und sich schließlich wieder zur Zeitlosigkeit vereinigen. In den Dimensionen, in die wir bei Sterbeerlebnissen eintauchen, sind die Plus- und die Minuszeit bereits in der Parallele. Die Pluszeit, die vorwärts gehende Zeit auf unserem Planeten, läuft im Uhrzeigersinn; sie erzeugt rechtsherum drehende Schwingungskreise. Bei der Minuszeit ist es umgekehrt. Der Sterbende nimmt im Zustand der ihn zunächst umgebenden Dunkelheit beide Schwingungsfelder wahr, die sich, wie auf der Zeichnung ersichtlich, in einem Segment überschneiden. Das Segment, in dem sich die gegensätzlichen Energien kreuzen, bildet ein starkes, aus Plus und Minus sich bildendes zweipoliges Magnetfeld, das den Eindruck des Tunnels hervorruft. Der Sterbende wird beim Eintauchen in die anderen Dimensionen durch die auch in ihm selbst vorhandene Plus-Minus-Polarität von diesem Magnetfeld angezogen, und zwar über die Silberschnur.

Die Bewußtsein des Mentalkörpers zeigen dem des Astralkörpers an, wann ein Austritt angezeigt ist. Das magnetische Feld koppelt die Silberschnur an das Segment an und zieht den Astralkörper aus dem physischen Körper heraus, ohne daß die Silberschnur zerreißt. Es ist das Fließen der Energien in dem sich überschneidenden Kreissegment, das im Bewußtsein des klinisch Toten das Bild eines Tunnels erzeugt, durch den er mittels der Anziehungskraft dieser magnetischen Strömungen hindurchgeschleust wird.

Der Selbstmord

Wenn ein Mensch Selbstmord begeht, setzt er die Kraft seines Willens ein, um eine äußere oder innere, ihm nicht lösbar erscheinende Problematik aufzulösen. Er läßt sich in das Schwingungsfeld der Hoffnungslosigkeit treiben, aus der, wie es ihm erscheint, der einzige Ausweg der Tod ist. Die Geschehnisse und Vorgänge in einem solchen Menschen bis hin zum Tod sind größte Schwingungsdisharmonien in allen Körpern. Im Laufe der Zeit werden diese so unerträglich, daß der Ätherkörper geschädigt und durchlässig wird für alle diesen Menschen zerstörenden Kräfte. Es ist der einzige Ausnahmefall, daß der Ätherkörper verletzt werden kann. Oftmals sind die Bewußtsein aller Leben in allen Körpern dieses Menschen aktiv, so daß sich dieses Leiden bis zum Wahn steigert. Wir reden dann von geistiger Verwirrung, obwohl es sie nach genauer Überlegung nicht gibt. Der Geist in uns ist der Funke Gottes und unveränderbar. Da aber alle Bewußtseinszustände aller Leben aktiv sind, wird dieses gewaltige Schwingungspotential zu einer zerstörerischen Kraft, die einem solchen Menschen die Sinne auslöscht, so daß er dann im Zustand einer gewissen Bewußtlosigkeit seinem Leben ein Ende setzt. Solche Selbstmörder kommen mit wenigen Ausnahmen in die erste Stufe der dritten Astraldimension. In den meisten Fällen ist es so, daß sie sich dort nur kurz, vielleicht einige Jahrzehnte, aufhalten, um dann zur Erde zurückzukehren.

Es kann auch vorkommen, daß ein Mensch, der sich

bereits bis in die erste Stufe der vierten Astralebene entwickelt hat, den Freitod wählt. Wenn dieser dann nach einem zeitlich begrenzten Entwicklungsprozeß nicht in ein neues Leben zurückkehren will, zwingt ihn das geistige Gesetz in die graue Zone. Wie wir wissen, gibt es auch in diesen Zonen keine ewige Verdammnis; denn im Laufe seiner Entwicklung wird auch ihn das Licht Gottes einholen.

Die Krankheit

Häufig geht dem Tod eine Phase der Krankheit voraus. Im göttlichen Plan ist das letzte Wegstück eine Vorbereitungszeit auf den Übergang. Wenn ein Mensch sich im Laufe seines Lebens mit dem Tod auseinandergesetzt hat, entwickelt sich auf dieser Wegstrecke nicht Angst, sondern das Wissen um den bevorstehenden Übergang, und wenn er einen geistigen Weg beschritten hat, kann er in dieser Endphase die Hilfe seines Schutzengels immer deutlicher wahrnehmen. Er weiß dann um seinen Zustand und erkennt ohne Panik das Endziel. Das heißt nicht, daß er medizinische Hilfe zurückweisen soll. Der Körper ist der Tempel von Seele und Geist, und wir sollen alles daransetzen, durch eigenes positives Denken und mit den möglichen medizinischen Hilfen diesen Tempel rein zu halten, so daß wir möglichst mit klarem, ungetrübtem Bewußtsein sterben können.

Man kann nicht von Krankheit in einem allgemeinen Sinn sprechen, weil ihre Wurzeln in unterschiedlichen Seinszuständen, aber auch in unterschiedlichen Dimensionen liegen. Krankheit selbst entsteht nicht aus dem irdischen Geschehen, sondern ist immer eine Folge geistiger Ursachen. Die Wurzel aller Krankheit liegt in der Astralsphäre, in jener Zone, wo Gedanken umgewandelt werden. Krankheit ist niemals eine Strafe, sondern immer die Wirkung einer Ursache. Wäre der Mensch rein in Gedanken, könnte er unmöglich erkranken.

Die geläufigsten Krankheiten erzeugt der Mensch

selbst. Seine Vorstellungskraft, die in den Angstfrequenzen unserer Welt schwingt, vermag die Gesundheit des Körpers zu erschüttern. Wenn er sich bewußt ist, daß jeder Gedanke eine geistige Zeugung im kosmischen Feld bedeutet, würde er Krankheit aus anderen Perspektiven verstehen. Krankheit ist einerseits ein Lernprozeß, ist aber auch ein geistiger Ablauf, der sich nach gewissen kosmischen Grundsätzen vollzieht. Jeder Gedanke erzeugt in seiner angestammten geistigen Sphäre eine Schwingung. Das Gedankengut aller Menschen einer Kultur erzeugt folglich Krankheiten, die zu dieser Kultur gehören. Das Weltbewußtsein einer jeden Kultur ist bestimmend für ihre Gesundheit, für Frieden und Krieg.

Wenn sich der Mensch vor Krankheiten fürchtet, erzeugt er auf diese Weise Energien, die aus dem negativen kosmischen Schwingungsfeld auf ihn zurückfallen. So gebiert die Furcht vor der Krankheit die Krankheit.

Wir sollten wissen, daß alles Leben Bewußtsein hat. Der Körper, jedes seiner Organe, jede Zelle, jedes Atom, jeder Atemzug hat Bewußtsein. Die Vorstellungen und die Gedankenkräfte sind Impulse, die unsere Organe aufnehmen. Unser Lebensgefühl ist wie ein Programm. Es wäre eine wesentliche Hilfe, wenn wir unserem Körper jeden Abend ein positives Programm eingeben würden, zum Beispiel: »Ich liebe meinen Körper, weil er die Hülle meiner Seele und meines Geistes ist. Ich will alles für ihn tun, was gut ist. Ich vertraue der Kraft meines Geistes, aus der mein Körper Gesundheit schöpft.«

Jeder Mensch hat, bevor er in die irdische Welt zurückkehrt, das Wissen um die Möglichkeiten seiner Krankheiten im irdischen Dasein. Bei der Wahl seiner Inkarnation entscheidet er sich für sie als Lernprozeß. Gleichzeitig hat er aber auch die Möglichkeit, durch die Entwicklung seines Bewußtseins diese Krankheiten auszuschalten, das heißt, daß sie bei entsprechender geistiger Entwicklung gar keine Chance haben, in ihm auszubrechen. Geht er diesen Entwicklungsweg nicht, kann sich die Krankheit in ihm manifestieren. Sie kann aber auch wieder geheilt werden, wenn er geistig so gereift ist, daß er sie nicht mehr braucht.

Natürlich gibt es karmisch bedingte Krankheiten, Menschen, die krank oder verstümmelt das Licht der Welt erblicken. In jedem Falle aber ist es so, daß sie vor Eintritt in das neue irdische Leben die Zustimmung zu dieser Lebensform gegeben haben. Ihre Aufgabe ist es, sich durch ihre Krankheit und ihre geistige Entwicklung an diese Zustimmung zu erinnern und nicht an die karmische »Strafe«; denn Karma ist nicht Strafe, sondern das Gesetz von Ursache und Wirkung aller gelebten Leben.

Die menschlichen Vorstellungen im Hinblick auf Karma sind vielfach erschreckend. Sie benutzen das karmische Gesetz, um andere zu richten, und vergessen dabei, daß sie sich dadurch selbst richten. Wie lieblos ist es, jemandem zu sagen: »Das ist nun mal dein Karma.« Wieviel Unheil und seelischen Schmerz hat eine solche Redensart nicht schon ausgelöst! Ein Wissender würde niemals so reden. Aber auch aus anderen Gründen müssen wir solche Äußerungen vermeiden. Ein Mensch kann nämlich mit seinen höchsten Bewußtsein eine Inkarnation auch als Opfergang gewählt haben, zum Beispiel, um Liebesenergie in bestimmten Dimensionen hineinzugeben. Ein Krüppel kann ein Held sein. Die äußeren Formen sagen nichts über den seelischen Wert aus. Zudem dürfen wir nicht vergessen, daß wir alle unter dem karmischen Gesetz leben. Wäre dem nicht so, hätten wir die Erde längst überwunden.

Eine karmische Krankheit, die nicht heilbar ist, hat dennoch ihren tiefen Sinn. Wenn wir sie bewußt als Ausgleich für früher begangene Fehler annehmen, gewinnen wir die verlorengegangene Harmonie zwischen allen Körpern zurück, wir gewinnen also. Wir können auch einen Schritt weiter gehen und eine solche Krankheit willig, ja dankbar als Opfer für andere Menschen und die Welt tragen. Karma kann erst dann aufgelöst werden, wenn der Betroffene bereit ist, eine Krankheit als Teil einer gesamtheitlichen Entwicklung anzunehmen und aus dem Gegebenen das Beste zu machen.

Viele Krankheiten, die nicht karmisch bedingt sind, beruhen darauf, daß sich der Mensch in sie flüchtet. Durch das menschliche Verdrängen, also durch das Nicht-Wahrhaben-Wollen von Erkenntnissen, zu denen der Mensch gemäß seiner Entwicklung Zugang hat, erzeugt er Krankheit. Er versetzt sich selbst in eine Zwangssituation, über die er in den meisten Fällen nur durch Krankheit hinauswachsen kann. Ein solcher Mensch steht vor einem Problem, das er anders zu lösen hätte, als es ihm angenehm ist. Seine Bequemlichkeit führt ihn dazu, die echte Lösung, die ihm bewußt ist, zu verdrängen. Er glaubt, daß die unechte Lösung für ihn der einzige Weg sei. Dies redet er sich über seinen Verstand ein. Diese Verstandesschwingungen fließen ins Unbewußte, bilden ein Programm. Er vernimmt zwar gleichzeitig aus seinem Hohen Selbst über die innere Stimme jene Wahrheit, die seiner Entwicklung entsprechen würde, verdrängt sie aber.

Das Programm seines Unbewußten zwingt ihm nun Schwingungen der Angst auf. Durch die Angst versucht sich ein solcher Mensch immer weiter abzulenken, und das Verdrängte fließt in noch tiefere unbewußte Schichten. Zu diesen Schichten hat der Verstand keinen Zugang mehr. Daher würde es ihm jetzt nichts mehr nützen, seinen guten Willen einzusetzen und auf die innere Stimme zu hören. Aus diesen Schichten fließen negative Energien, die den Körper langsam zerstören. Bevor in einem solchen Fall eine Krankheit ausbricht, geht ihr ein langer schmerzhafter Prozeß voran. Der Patient ist geplagt von Zweifeln, Ungewißheit und Angst. Er ist hin- und hergerissen zwischen der Forderung seines höheren Selbst, der zu erlernenden Erkenntnis, der er vor Eintritt ins irdische Leben zugestimmt hat, und den Gesetzen des irdischen Verstandesdenkens. Die Perspektiven seiner Gedanken verkleinern sich zusehends, er sieht nur noch sein Problem. Dieser Punkt füllt sein ganzes Dasein aus, was zur Folge hat, daß er seelisch, körperlich und geistig überfordert ist.

Nun sucht nicht er als Mensch einen Ausweg, sondern das kosmische Wesen, das er gleichzeitig ist, öffnet eine neue Perspektive. Sie heißt: Krankheit. Anfänglich fühlt sich ein solcher Mensch erleichtert, weil er glaubt, daß die Bürde seiner Entscheidungen von ihm abgefallen sei. Er stellt sich vor, daß er sich wie auf Krücken auf diese Krankheit stützen kann und sich aller anderen Verantwortung entledigt hätte. In Wirklichkeit aber nimmt er ein neues Kreuz auf sich. Durch diese Einstellung verdrängt er die immer noch aus höherem Selbst zufließende Antwort zur echten Lösung in noch tiefere Schichten seines Unbewußten. Wenn der Mensch an diesem entscheidenden Punkt nicht auf seine innere Stimme hört und zur Umkehr bereit ist, muß er als Folge des logisch aufgebauten geistigen Gesetzes krank bleiben. Aus solchen Fällen entstehen oft chronische Krankheiten, und diese sind gemäß dem verdrängten Problem den Organen oder Gliedmaßen zugeordnet.

Wenn jemand sagt, »Dahin will ich nicht gehen«, obwohl er dahin gehen müßte, wird er im Bereich der Wirbelsäule und Beine erkranken. Wenn jemand sagt, »Das halte ich nicht mehr aus, es erdrückt mich zu Tode«, dann wird er im Bereich des Herzens, der Lunge und des Verdauungssystems erkranken. So ist es auch ganz logisch, daß, wenn jemand etwas nicht mehr sehen oder hören will, er erblindet oder taub wird. Solchen schwersten Disharmonien des Körpers geht immer ein jahrelanger Entwicklungsprozeß voraus, in dem sich die Verdrängungen so anhäufen, daß die geballten Energien wie ein Vulkanausbruch sind, dessen Lava die Krankheit darstellt. Solche Patienten gehen oft so weit, daß sie nie mehr gesund werden können, weil sie durch ihre seelische Haltung, durch die dauernd gestörten Energien im Körper selbst und durch die in disharmonischer Weise einfließenden kosmischen Energien Schädigungen der Organe herbeiführen, die nicht mehr zu beheben sind.

Diese Menschen laden sich in dem Sinne ein Karma auf, daß sie es nur wieder durch Krankheit in einem anderen Leben auflösen können. Das alles mag für den Leser hart erscheinen, doch sind auf unserer Welt siebzig Prozent aller Krankheiten diesen Zuständen zuzuschreiben. Das geistige Gesetz ist den Menschen gegenüber bezüglich Krankheit sehr streng. Es gibt aus dem geistigen Gesetz heraus keine armen Kranken, die nichts dafür können, denn allzu leicht vergißt der Mensch, daß er letztlich immer für sich selbst verantwortlich ist. Nicht andere haben uns krank gemacht, wie das so oft heißt, sondern wir selbst ließen uns krank machen, weil uns die Bequemlichkeit unserer Natur verführte.

Für die geistige Entwicklung in bezug auf eine Krankheit ist uns eine bestimmte Zeit zugemessen. Lassen wir diese Zeit verstreichen und werden wir unheilbar krank, so haben wir dennoch die Chance, unsere Seele gesund zu erhalten, wenn wir nachträglich lernen, was für uns richtig ist. Der Mensch kann dann die Krankheit auf die Hülle seines Körpers beschränken, ohne daß sein eigentliches Wesen geschädigt wird. Diese Möglichkeiten bedenken die wenigsten Menschen. Wer sie aber wahrnimmt, dem fließen Heilströme für die Seele zu.

Neben den »Fluchtkrankheiten«, die sich sichtbar über den Körper auswirken, gibt es auch solche, die sich in erster Linie über das seelische Befinden abwickeln. Hier spielt der Wille eine besondere Rolle. Nach einem gewissen Verdrängungsprozeß erzeugt das Verdrängte Schwingungen, die im Patienten ein Nicht-Wollen auslösen. »Ich will das nicht, lieber würde ich sterben oder mir einen Arm abhacken.« Diese Einstellung erzeugt eine so große Trotzreaktion, daß sich der Patient darin einschließt. Es ist ein Schwingungsfeld, das sich im seelischen Bereich so verdichtet, daß er erkrankt. Für sich selbst erkennt er nichts, sondern schiebt alle Schuld auf andere. Er verfällt in ein derartiges Selbstmitleid, daß Depressionen die Folge sind. Er fühlt sich ohnmächtig ausgeliefert, und sein seelischer Zustand, der nichts anderes ist als ein Widerspruch zu seinem Hohen Selbst, versenkt ihn in die Dunkelheit des Irdischen. Sie hüllt ihn ganz ein, und in vielen Fällen ist er dadurch den negativen Einflüssen aus anderen Planeten und der Erde ausgesetzt. Da für alles negative Geschehen, das einem Menschen zustoßen kann, in den geistigen Dimensionen polar das Gute, die Lösung besteht, ist es immer so, daß auch eine solche seelische Depression die Chance zur Heilung hat, sofern der Depressive sich diesem Lichtstrahl öffnet.

Unsere Medizin müßte von diesem ganzheitlichen Geschehen und dem Ablauf kosmischer Gesetzmäßigkeiten mehr Kenntnis haben. Dann würde ein therapeutisches Gespräch für den Patienten eine Lichtpforte sein. Weil wir die Kraft des Geistes zu wenig einsetzen können, benutzen wir chemische Heilmethoden. Medikamente versuchen den Körper und setzen die Gehirnfunktionen teilweise außer Kraft, so daß die vermeintliche Hilfe durch Medikamente nicht wirksam werden kann, weil das eigentliche Problem mit seinen Wurzeln in die tieferen Ebenen des Unbewußten verlagert wird. Da alles lebt und wirkt und Schwingung ist, fließen wiederum aus den tiefsten Schichten des Unbewußten Angstfrequenzen ins Leben eines solchen Patienten. Diese spürt er trotz der Medikamente, und er trägt nur noch den Wunsch in sich, frei von den seelischen Qualen zu werden. Die Schwingungen des Ausspruchs »Ich will frei sein!« werden auf der gleichen Ebene erzeugt wie der frühere Satz: »Ich will nicht.« Aus dem Fehlprogramm des Unbewußten erkennt der Mensch gleichzeitig, daß er nicht frei sein kann und nicht frei sein will. Aus diesem inneren Widerspruch erwachsen Haßgefühle, die er vorerst nach außen abreagiert. Wenn er überhaupt keinen Ausweg für sich selbst mehr sieht, fällt der Patient in eine Art seelischer Lethargie. Sein Ichbewußtsein ist dermaßen gestört, daß er entscheidungsunfähig wird. Abhängig von den Einflüssen der Medikamente siecht er dahin. Auch ein solcher Patient hat in der tiefsten Dunkelheit seines Lebens noch die Möglichkeit, sich dem Licht zuzuwenden, wenn er in sich den Gedanken aufbringt – und dabei müßte ihm geholfen werden –, daß er seinen Zustand, auch wenn er ihn nicht mehr richtig überblicken kann, in das Schwingungsfeld der göttlichen Gnade zurückfließen läßt. In vielen Fällen kann bei einem solchen Schritt ins höhere Bewußtsein Heilung erfolgen.

Im allgemeinen ist zu sagen, daß bei Krankheiten oft der gute Wille des »Ich will oder ich muß gesund werden« falsch eingesetzt wird. Besser wäre immer der Gedanke: »Ich brauche die Krankheit und bin bereit, die Aufgabe, die in ihr liegt, zu erkennen und zu bewältigen, damit sich, wenn die Zeit reif ist, die Krankheit wieder auflöst.«

Wenn ein Mensch denkt »Ich will gesund werden«, erzeugt er gleichzeitig durch diesen Gedanken den Zweifel, ob er denn wirklich auch gesund wird. Die Formulierungen »Ich will gesund werden« und »Werde ich es wohl auch?« erzeugen ein Störfeld im Körper. Es sind gegenläufige Schwingungsfrequenzen, die den Heilungsprozeß erschweren. Wichtig ist also, daß wir Krankheiten seelisch annehmen, uns fragen, was sie uns aufzeigen, auf welchen Weg sie uns lenken wollen. Erst wenn diese Grundlage gelegt ist, können wir uns Anstrengungen unterziehen, die eine Heilung ermöglichen. Der Mensch muß lernen, sich als irdisches Wesen nicht nur in den Mittelpunkt der Welt zu stellen, sondern den Mittelpunkt seines geistigen Seins zu erfahren und aus dieser Mitte heraus im Körper, in der Seele und im Geist durch die kosmischen Verbindungen vom Ganzen zu ihm und von ihm zum Ganzen zu leben.

Im folgenden bringe ich einige Beispiele aus eigener Erfahrung.

Erstes Beispiel
Eines Tages suchte mich eine Frau auf. Sie war fast erblindet und konnte nur noch Licht und Schatten voneinander unterscheiden. Wie sie mir erzählte, bestünde ihr größtes Problem in der Angst, gänzlich erblinden zu müssen. Mehr wußte ich zu Beginn der Hellseh-Sitzung nicht. Ich versetzte mich in den üblichen tranceähnlichen Zustand und sah, daß ihr wirkliches Problem ein ganz anderes war. Vor ungefähr einem Jahr hatte ihr Mann mit einer anderen Frau ein Verhältnis angeknüpft. Als die Ehefrau davon erfuhr, wollte sie sich zuerst scheiden lassen. Hin- und hergerissen von Zweifeln fand sie letztlich doch nicht die Kraft, und auch das gemeinsam geführte Geschäft wollte sie nicht ver-

lassen. Da sie für sich keinen Ausweg mehr sah, fing sie an, das Problem zu verdrängen. Meine geistige Führung zeigte mir auf, daß sich die Dame täglich mit dem Satz programmierte: »Ich will es nicht mehr sehen.« Sie gestand mir das auch ein, als ich sie darauf ansprach. Die Impulse »Ich will es nicht mehr sehen« wurden vom Körper angenommen, und eine langsam fortschreitende Blindheit setzte ein. Glücklicherweise durfte ich in diesem Fall die Aussage machen, daß das Verhältnis des Ehemannes nur eine vorübergehende Angelegenheit sei, was ich der Sitzungsteilnehmerin auch mitteilte. Über ihren spontanen Ausspruch: »Dann bleibt ein Hoffnungsstrahl für meine Augen«, war ich keineswegs überrascht. Nach einem halben Jahr besuchte mich die Dame wieder. Sie sah viel besser als früher, aber noch immer nicht ausreichend. In dieser zweiten Sitzung wurde mir gezeigt, daß ihr Mann sich ihr wieder zugewandt hatte, das Vertrauensverhältnis zwischen ihnen aber immer noch erheblich gestört war. Die Dame war von der Sorge, ob nun alles gut bleiben würde, geplagt. Ich sah, daß sie sich die Möglichkeiten offen ließ, je nach Situation entweder gesund zu werden oder aber doch noch zu erblinden. Nach einem weiteren Jahr suchte sie mich wieder auf. Voller Freude teilte sie mir mit, daß sie wieder hundertprozentig sehen könne. Sie wollte wieder sehen, so ihre eigenen Worte, weil ihre Ehe wieder intakt war. Die vorübergehende Blindheit war nicht etwa nur Einbildung gewesen. Der Augenarzt hatte einen beginnenden Star diagnostiziert, der zur absoluten Blindheit führt. Aus der Sicht des Arztes war es lediglich nur eine Frage der Zeit.

Zweites Beispiel
Ich war noch keine drei Jahre verheiratet, als ich fest-

stellte, daß sich mein damaliger Mann und ich in sehr unterschiedlichen Richtungen entwickelten. Von Tag zu Tag verloren sich unsere gemeinsamen Interessen. Trotz vielfältiger Bemühungen beiderseits wurde dieser Zustand immer unerträglicher. Unweigerlich mußte die Zeit kommen, wo wir nur noch dem äußeren Schein nach, also für Umwelt und Familie, eine sogenannte harmonische Ehe führen würden. Der innere Leidensweg hatte längst begonnen. Wir wußten nicht, was wir uns hätten vorwerfen können, außer unsere immer deutlicher werdende Verschiedenheit. Gleichzeitig spürte ich, wie sich in mir ein schlechtes Gewissen meinem Mann gegenüber aufbaute – wie ein Berg, den ich nicht mehr bezwingen konnte. Täglich verdrängte ich das Problem und redete mir ein, daß dieser Zustand bald vorübergehen würde. Eines Morgens aber wachte ich mit heftigen Bauchschmerzen auf. Ich mußte den Arzt aufsuchen. Er diagnostizierte eine kindskopfgroße Zyste, die so rasch wie möglich operiert werden mußte. Einerseits empfand ich schreckliche Angst und war davon wie gelähmt, andererseits aber war ich erleichtert, weil ich mir durch einen Klinikaufenthalt die Lösung meines Problems erhoffte. Ich beschäftigte mich nur noch mit meinem gesundheitlichen Zustand, der zum Mittelpunkt meines Lebens wurde. Unausgesprochen warf ich meinem Mann vor, daß er an meinem Zustand schuld sei. Die Operation verlief gut, und der Tag meiner Entlassung rückte näher. Mit ihm setzte aber erneut große Angst ein. Ich wußte, daß sich unsere Situation nicht geändert hatte, im Gegenteil.

Als ich mit Freunden über die Schwierigkeiten sprach, meinten sie, daß es überall Probleme gäbe und daß ich es doch gut hätte. So schwieg ich und verdrängte weiter. Ich gab mir zusätzliche Mühe, mich anzupassen, fühlte aber gleichzeitig, daß ich immer unzufriedener wurde. Nach fünf Monaten hatte ich wieder heftige Bauchschmerzen. Erneut war eine Operation nötig. Aber auch sie kam mir irgendwie gelegen, weil ich dadurch das eigentliche Problem besser verdrängen konnte. Ich empfing viel Mitleid aus meiner Umgebung. Dies tröstete mich aber nur vorübergehend, und später verstärkte sich mein ohnehin schlechtes Gewissen meinem Mann gegenüber. Ich kam mir als undankbare und schlechte Partnerin vor.

Nach der zweiten Operation sagte mein Arzt mir, er sei überzeugt, daß meine Krankheit seelische Ursachen habe. Ich sagte nichts, und er fuhr fort, daß ich noch viele Weichteile im Körper habe, die er wegoperieren könne. Ich war schockiert und brachte kein Wort über die Lippen. Er gab mir den Rat, meine Lebenssituation zu ändern. Während vieler Wochen war mein Körper sehr geschwächt, und ich weinte fast nur noch. Ich verdrängte weiter und nahm gegen meine Depressionen Medikamente ein.

Inzwischen war ein Jahr vergangen, und es hatte sich bereits wieder eine neue Zyste gebildet. Ich verdanke es meinem damaligen Arzt, daß ich wieder Mut faßte und gesund werden wollte. Schließlich spürte ich, daß ich zur Lösung meines Problems die Krankheit nicht mehr brauchte. Ich war entschlossen, meinen eigenen Weg zu suchen. Ich trennte mich von meinem Mann, obwohl es für mein Kind und mich ein Schritt in die Ungewißheit bedeutete. Als mein Arzt von meinem Entschluß erfuhr, riet er mir, die geplante Operation vorläufig aufzuschieben. Zu meinem Erstaunen wurde sie hinfällig, weil sich die Zyste von selbst wieder zurückbildete. Ich blieb gesund.

Auch bei Menschen, die »geisteskrank« sind, finden in diesem irdischen Leben wunderbare Entwicklungen statt. Während einiger Jahre arbeitete ich in einem Behindertenheim und lernte diese Menschen achten und lieben. Auch wenn die Funktionen des Gehirns oft so sehr beeinträchtigt waren, daß sie die Formulierungen anderer nicht verstanden, stellte ich dennoch fest, daß sie, wenn auch in ganz anderer Weise als gesunde Menschen, Gehörtes begreifen können. Damals wie heute bin ich davon überzeugt, daß geistig behinderte Menschen nicht die Worte, sondern die Schwingungen der Worte über die feinstofflichen Energiezentren aufnehmen. Von dort werden diese Energien nicht dem Verstand, sondern dem seelischen Gefühlsbereich zugeleitet und lösen das Verstehen aus. Das höhere Bewußtsein solcher Menschen hat das Verstandesdenken geistig Behinderter mehr oder weniger ausgeschaltet, damit sie sich während ihres Erdenleidens hauptsächlich in den feinstofflichen Bereichen entwickeln. Gerade durch diese Behinderten habe ich empfinden gelernt, wie sich Seelen ausdrücken, und ich bin ihnen heute noch dankbar.

Das Selbstmitleid

Im Unbewußten gibt es einen Bereich, von dem man sagen kann, daß er das Sammelbecken aller gemachten negativen Erfahrungen ist. Wenn sich ein Mensch in einer ihm ausweglos erscheinenden Situation befindet, greift sein Verstandesdenken in dieses Sammelbecken und holt sich eine früher gemachte negative Erfahrung heraus. Die Zusammensetzung dieser Schwingung fließt nun aus dem Unbewußten ins Tagesbewußtsein, aber auch allen Organen zu. Diese negative Energie strömt durch den Schwingungskreislauf des Menschen, und auch die Energiezentren werden davon berührt. Wenn sich diese Gedankenschwingungen verdichten, erzeugen sie in ihm Selbstmitleid.

Läßt sich ein Mensch in diesen negativen Stromkreis hineintreiben, öffnet er im Unbewußten die Schleusen, so daß ganze Fluten negativer Energien versuchen, ihn in die Ausweglosigkeit zu treiben. Selbstmitleid ist eine destruktive Energieform im menschlichen Dasein. Durch ihre Einflüsse bedauert sich der Mensch, und er tut sich selbst im höchsten Maße leid. Er erzeugt einen schwingungsmäßigen Irrgarten, in dem er meist gefangen bleibt. Die negativen Schwingungen des Selbstmitleids erzeugen nicht nur körperlich-seelisch-geistige Disharmonie, sondern auch organische Krankheiten.

Menschen, die auf diesen Irrweg gekommen sind, spüren oft keinen Boden mehr unter den eigenen Füßen. Durch diese Unsicherheiten klammern sie sich in ihrer

Hilflosigkeit in fast unerträglicher Art und Weise an ihre Umwelt. Das Selbstmitleid veranlaßt sie, bei Mitmenschen in tausendfältiger Ausdrucksform die Bestätigung ihres Selbstmitleids zu suchen. Das Schwingungspotential aus dem Unbewußten verstärkt sich so sehr, daß die außen gesuchten Bestätigungen zu einer Sucht werden. Wenn die Sucht durch das Mitleid anderer nicht mehr genügend gestillt wird, produzieren die negativen Energien immer tiefgreifendere Krankheiten. Die energetischen Auswüchse in einem solchen Körper sind wie Krebsgeschwüre, die sich nach einem gewissen Zeitablauf nicht nur im physischen Körper, sondern auch in allen feinstofflichen Ebenen ausbreiten.

Patienten, die auf diese Art krank sind, wollen in den meisten Fällen nicht gesund werden, weil sie auf das Mitleid und die daraus resultierenden Vorteile nicht mehr verzichten können. Sie brauchen die Krankheit, um überhaupt zu existieren. Solchen Menschen kann nur geholfen werden, wenn es einem Mitmenschen gelingt, schockartig diesen negativen Energiefluß abzustellen. Mit Schock meine ich, daß ein kompetenter Freund, der die Sachlage objektiv sieht, diesem Patienten ohne Mitleid, wohl aber mit Mitgefühl, in aller Härte, die ja auch Liebe ist, unmißverständlich erklärt, daß nur zwei Möglichkeiten bestünden: Entweder das Gesundwerden durch die Erkenntnis und Annahme der Wahrheit oder das Krankbleiben und Immer-kränker-Werden durch Verweigerung der Wahrheit.

Wenn ein solcher Mensch in diesen krankmachenden Schwingungen lebt, ist er auch von schwersten Ängsten geplagt. Würde er bei dieser Schocktherapie Drohungen aussprechen wie: »Ich bringe mich um«, müßte der ihm beistehende Freund sich davon nicht beeindrucken oder beeinflussen lassen. Er müßte die Kraft haben, seinem kranken Freund zu sagen, daß er das ruhig tun könne, weil nur er allein und sonst wirklich niemand für sein Leben verantwortlich sei. Ich bin sicher, daß bei einer Hilfe von solcher geistigen Qualität mindestens siebzig Prozent dieser Kranken gesunden könnte.

Es gibt auch noch eine andere Form des Selbstmitleids. Es kann entstehen, wenn ein Mensch zu Unrecht in den tiefsten Schichten der Seele verletzt wurde. Eine solche Verletzung spürt der Betroffene körperlich im Herzzentrum. Dieser ihm ungerecht zugefügte Schmerz führt im physischen Körper zu einer Verkrampfung der Herznerven und erzeugt im Herzenergiezentrum ein starres Offenbleiben durch die Schmerzschwingungen, die auf dieses Zentrum wie ein Schock wirken. Je nach entwickeltem Bewußtsein fließt dann auch aus dem höheren Bewußtsein eine Schwingung dem Herzenergiezentrum zu, die im Menschen selbst das Gefühl von tiefster Trauer auslöst. Hat ein solcher Mensch noch nicht gelernt, aus der höchsten Ebene seines Bewußtseins zu verzeihen, entsteht in ihm Selbstmitleid. Fast automatisch schaut er zurück und sucht alle Verletzungen, die ihm dieser Mensch früher schon zugefügt hat. Mit Unterstützung seines Verstandesdenkens verschließt das Selbstmitleid in seiner Schwingung andere geistige Einflüsse und läßt den Menschen unobjektiv werden. Durch diesen seelischen Schmerz sieht und empfindet er den anderen nur noch negativ. Alle bis dahin gemachten schmerzhaften Erfahrungen brechen auf und werden auf diesen Menschen abgewälzt.

Diese Auswirkung des Selbstmitleids zieht immer eine seelische Erkrankung nach sich. Der Betroffene lebt im Schwingungsfeld des seelischen Schmerzes und bemitleidet sich in höchster Form. Dieser Krankheitszustand kann so weit gehen, daß ein solcher Patient in Depression und aus den Depressionen in eine absolute Teilnahmslosigkeit verfällt. Es gibt viele solche klinischen Fälle, deren hier beschriebene Ursachen leider nicht erkannt werden. Nur das Verständnis, daß solche tiefgreifenden seelischen Verletzungen im Glauben und im höheren Bewußtsein aufgelöst werden können, ermöglichen das Gesundwerden solcher Patienten.

Abschließend: Wenn sich ein Mensch seiner bewußt ist, seine guten und weniger guten Seiten erkennt und annimmt, und er sich weder niederdrückt noch sich selbst erhebt, ist er entwicklungsbedingt fähig, sich aus schmerzhaften Lebenssituationen zu befreien, ohne daß das Ausmaß dieser Verletzungen ihn in ein selbstzerstörerisches Mitleid hineinstößt. Bei dieser Erkenntnis ist eine Umkehr nie zu spät, weil das geistige Gesetz mit seinem Bewußtsein uns Menschen immer eine hilfreiche Hand bietet.

Der Schlaf

Bevor der Mensch einschläft, verändern sich die Wellenlängen und Impulse, die das Gehirn in den Körper aussendet, das heißt, sie verlangsamen sich und bewirken im körperlichen Schwingungsfeld des Menschen einen reduzierten Rhythmus. Dieser natürliche Vorgang entspannt die Körpermuskulatur und die durch die täglichen Geschehnisse gereizten Nerven. Im Zustand der Entspannung oder des Halbschlafs versinkt das Tagesbewußtsein in die Mitte des Menschen. Das ist der Punkt, der unter dem Nabel liegt. Vom Gehirn aus werden die Bewußtseinszustände der Organe und der Nerven sowie der Zellen ruhiggestellt. Das Bewußtsein in den feinstofflichen astralen Bereichen erwacht. Es geschieht mit dem Menschen das gleiche, als wenn sich ein Tag erhebt und der Mond in die Nacht versinkt.

Wenn die Sonne aufsteigt und der Mond untergeht, gibt es in diesen zwei verschiedenen Schwingungsfeldern einen Berührungspunkt, der auch in der Natur des Menschen zu finden ist, wenn sein Tagesbewußtsein versinkt und seine Seelenbewußtsein erwachen. Mit den zwei verschiedenen Schwingungsfeldern verhält es sich wie folgt. Vor dem Einschlafen, also solange unser Tagesbewußtsein wach ist, befinden wir uns in unserem normalen, vom Jetzt in die Zukunft voranschreitenden Zeitablauf, in der sogenannten Plus-Zeit. Die Schwingungen dieses Zeitablaufs – und ich kann die Leser immer nur wieder daran erinnern, daß alles, wirklich alles Schwingung ist –

drehen sich spiralförmig im Uhrzeigersinn in die Zukunft. Im Astralbereich herrscht ein anderer Zeitablauf als im physischen Bereich, nämlich die Minus-Zeit. Ihre Schwingungen fließen spiralförmig im Gegenuhrzeigersinn, also in der Linksdrehung. Wenn nun das Tagesbewußtsein im Schlaf versinkt und das Astralbewußtsein erwacht, wird der Zeitfaktor des Tagesbewußtseins ausgeschaltet und der Zeitfaktor des Astralbereiches tritt in Kraft: Es treffen sich die zwei unterschiedlichen Schwingungsfelder.

Den Berührungspunkt dieser kreisförmigen Energiefelder habe ich im Kapitel über den klinischen Tod als Segment bezeichnet. Dieses Segment – noch unerforscht von unseren Wissenschaftlern – ist ein magnetisches Feld, vergleichbar einem Energieverteilernetz. Von ihm aus werden die Körperfunktionen des Schlafenden reguliert. Dieses Magnetfeld ungleicher Schwingungen erzeugt aber auch Vibrationen. Diese feinen elektromagnetischen Stöße bewirken im Körper die Lockerung des Äther- und Astralleibs. Dadurch fällt der physische Körper in den Tiefschlaf, und der Astralleib löst sich von der Ankettung an das Tagesbewußtsein und an den physischen Körper.

Der Berührungspunkt der beiden unterschiedlichen Zeit- oder Energiefelder, oben als Magnetfelder oder Segment bezeichnet, ist das, was die Menschen beim klinischen Tod als Tunnel erleben. Jeder Mensch geht also jede Nacht zweimal durch diesen Zeittunnel, nämlich wenn sich sein Astralkörper löst und in die astrale Sphäre eintritt und bei der Rückkehr in den physischen Körper.

Der Somnambulismus, auch Schlafwandeln oder Mondsüchtigkeit genannt, ist ein Zustand vor dem Tiefschlaf, in dem der Nachtwandler komplexe und gefährliche Handlungsabläufe ausführt, an die er sich nachher nicht mehr erinnern kann. Dieser Zustand tritt ein, wenn der Schlafende noch nicht ganz von einem Zeit-Schwingungsfeld in das andere übergewechselt ist, das Tagesbewußtsein des physischen Körpers also noch teilweise vorhanden und die Seelenbewußtsein im Astralleib schon teilweise erwacht sind, das heißt: wenn er sich noch im Zeittunnel befindet. Das drückt sich darin aus, daß sich der Astralkörper zwar schon vom physischen Körper gelockert hat, sich auch spürbar bewegt und teilweise austritt, aber mit dem physischen Körper in Kontakt bleibt. Dadurch wird einerseits sein Körper noch vom Tagesbewußtsein in Bewegung gehalten. Weil er aber andererseits von den Astralbewußtsein geführt wird, kann er bei geschlossenen oder leblos-starr geöffneten Augen sehen, weil die außersinnliche Wahrnehmung über die höchstentwickelten Seelenbewußtsein des Astralkörpers funktioniert. Das erklärt, warum wir von schlafwandlerischer Sicherheit sprechen.

Wenn ein Schlafwandler über einen Dachfirst läuft, stürzt er nicht, weil es im Astralbewußtsein keine Gefahren gibt. Sie sind nur Produkte unserer physischen Welt. Würde jemand ihn anrufen, hätte dies zur Folge, daß der teilweise ausgetretene Astralkörper augenblicklich in den physischen Körper zurückgezogen würde. Dies wiederum könnte zum Sturz vom Dach führen, weil er damit in sein Tagesbewußtsein zurückkehrt, das Gefahren kennt.

Auch Menschen in lebensbedrohenden Situationen werden gelegentlich in einen dem Schlafwandeln vergleichbaren Zustand versetzt. Ihr teilweise ausgetretener Astralkörper befähigt sie zu außergewöhnlichen körperlichen Leistungen, durch die sie die Lebensgefahr bewältigen. Sie erzählen dann, daß sie sich in einem ihnen nicht bekannten Bewußtseinszustand befunden hätten. Er ist vergleichbar dem Halbschlafzustand des Nachtwandlers, bei dem das Tagesbewußtsein und die ihm angeschlossenen Gehirnfunktionen in einem Wellenbereich tätig sind, der eine teilweise außersinnliche Wahrnehmung bereits ermöglicht. Über seine außersinnliche Wahrnehmung, die sich als Hellfühligkeit bezeichnen läßt, dringt ein Teil der astralen Seelenbewußtsein in feinstoffliche Ebenen, in denen es Informationen aufnimmt. Da das Tagesbewußtsein gleichzeitig nicht ganz ausgeschaltet ist, werden von den Seelenbewußtsein im Astralleib sich entwickelnd die Informationen aus der feinstofflichen Ebene dem menschlichen Bewußtsein zugeführt.

Versinkt das Tagesbewußtsein ganz in der Mitte, also in dem Punkt unter dem Nabel, fällt der Mensch in den Tiefschlaf. Der Tiefschlaf kann nur bewirkt werden, weil der Astralkörper den physischen Körper verlassen hat. Jede andere Form von Schlaf, Halbschlaf und so weiter bedeutet immer nur die Lockerung des Astralkörpers. Der Astralkörper geht jede Nacht bei jedem Menschen in die astrale Welt, um sich einerseits mit kosmischer Energie aufzuladen. Andererseits lernen dadurch die Seelenbewußtsein, sich für das nächste Dasein vorzubereiten. Schließlich macht das Seelenbewußtsein aber auch Entwicklungen im Astralbereich durch, die den Reifeprozeß des irdischen Lebens fördern.

Der Astralkörper verläßt den physischen Körper nie ohne die Begleitung des Torhüters, der auch bestimmt, welche astralen Zonen dem Astralkörper mit seinem entwickelten Bewußtsein zugänglich sind. Für den Menschen ist es wichtig, vor dem Zubettgehen ein Ziel, das er erreichen möchte, zu formulieren. Die Formulierungen sind Energieformen, die den Seelenbewußtsein zufließen und beim Astralaustritt in den höheren geistigen Sphären Schwingungen darstellen. Wenn er dies tut, kann ein solches Ziel in reinster geistiger Form ohne die Einwirkung irdischer Schwingungen und Gedanken des Verstandes aufgebaut werden. Alles entwickelt sich zuerst im Geist, nur die Reinheit der Gedankenenergien ist unterschiedlich. Durch die Möglichkeit des Schlafs hat der Mensch die Fähigkeit, sich seine Ziele im geistigen Bereich zu erarbeiten. Und wenn er Geduld geübt hat und weiß oder im Glauben lebt, daß alles zur richtigen Zeit geschieht, wird ihm diese Verwirklichung nach dem Gesetz von Ursache und Wirkung in der Weise zufließen oder auf ihn zurückfließen, daß sich irdische Hindernisse automatisch auflösen, weil das geistige Gesetz solche Hindernisse nicht kennt.

Wenn das auf diese Weise geistig aufgebaute Gut auf den Menschen zurückfließt, bewirkt diese Energie eine ungeheure Ausstrahlungskraft im Menschen und bringt ihm die Gewißheit, daß er sein Ziel erreicht, weil es jetzt in der höheren Dimension so geschrieben steht. Er vermag andere Menschen, die ihm Hindernisse in den Weg legen, durch die Leuchtkraft seiner Ausstrahlung und die Reinheit der formulierten Worte zu überzeugen. Wenn wir uns vor dem Schlafengehen bewußt sind, daß wir für uns und unsere Entwicklung Hilfe brauchen, und unser Inneres dies auch zugesteht und dieses Zugeständnis unserem Seelenbewußtsein übermittelt, wird der Torhüter unseren Astralkörper in jene Sphären begleiten, wo ihm auch Hilfe gewährt wird. Wenn wir lernen, in diesem Bewußtsein einzuschlafen, wird uns nach einer gewissen Zeit das in den feinstofflichen Sphären erarbeitete Wissen so zufließen, daß auch unser Tagesbewußtsein davon Kenntnis erhält. Kein Meister fällt vom Himmel. Es muß geübt werden. Ungeahnte Tore und Möglichkeiten sind uns dadurch offen.

Auch die Trauer um einen lieben Verstorbenen kann im Tiefschlaf aufgelöst werden, wenn ein Trauernder vor dem Einschlafen darum bittet. Dann wird ihm sogar das Geschenk zuteil, in Begleitung seines Schutzengels mit seinem Astralkörper den lieben Verstorbenen in seiner Dimension aufzusuchen. Wenn ein solcher Verstorbener in lichten Sphären lebt, wird der nächtliche Astralwanderer aus der Freude des Verstorbenen einen Lichtfunken mit zurücknehmen in sein irdisches Dasein. Dies bedeutet für ihn die Auflösung des Schmerzfeldes und der Trauer. Befindet sich ein verstorbener Angehöriger in den grauen Zonen, wird der Torhüter den Astralwanderer dahin nicht begleiten, aber ihm die innere Gewißheit verleihen, daß Licht und Hilfen anderer Geistwesen dem in der grauen Zone Verharrenden zufließen.

Der Mensch sollte nicht nur ein bewußteres Leben anstreben, sondern in gleicher Weise ein bewußteres Schlafen. Während der Astralwanderungen liegt der physische Körper – am Leben erhalten durch die Silberschnur – bewußtlos und ohne die Kraft seines Willens im Bett. Wenn auch vorläufig noch unbewußt, bezeugen die Menschen damit die Hingabe ihres Lebens im Körperlichen und üben das Sterben. Wäre ihnen dieses eingeübte Geschehen beim Sterben selbst bewußt, könnten sie sich, bestärkt durch diese lebenslange Erfahrung, im Glauben an die göttliche Liebe vertrauensvoll fallen lassen und wüßten, daß sie sterben, um zu leben.

Im Tiefschlaf nimmt der physische Körper auch den Rhythmus und den Pulsschlag des Planeten Erde in sich auf. Das bedeutet für ihn, daß die Naturgesetze seines Planeten ihm Kraft verleihen und den Körper harmonisieren. Der Pulsschlag der Erde und die Art, wie der physische Körper ihn aufnimmt, sind für den Gesundheitszustand von sehr großer Bedeutung. Jeder Mensch sollte mit diesem Bewußtsein einschlafen und den Körper von der Mutter Erde ausgleichen lassen. Der Mensch sollte sich dem Bewußtsein öffnen, daß sich während seines Schlafes viele Helfer aus der Astralwelt auch um seinen Körper bemühen dürfen. Dann nehmen diese sich oftmals körperlicher Beschwerden an und kurieren sie aus, aber nur, wenn er dem zustimmt, weil der freie Wille immer respektiert wird. Wir reden ja vom Sich-gesund-Schlafen. Dies ist tatsächlich möglich, aber das Bewußtsein muß dafür gereift sein.

Träume hängen vom entwickelten Bewußtsein ab. Dies können wir uns so vorstellen, daß die Silberschnur schwingungsmäßig aus vielen Drahtanschlüssen besteht. Je höher sich ein Bewußtsein entwickelt hat, um so mehr Anschlüsse stehen einem Menschen zur Verfügung und um so mehr wird er fähig, Geschehnisse im astralen Bereich während des Schlafes über einen solchen Anschluß dem Gehirn zuzuführen. Es ist ein Bereich im Kleinhirn, der die gemachten Erfahrungen in der feinstofflichen Ebene dem Tagesbewußtsein zugänglich macht. Hier handelt es sich um sogenannte Wahrträume.

Bei vielen Menschen ist ein solcher Anschluß nicht ganz ausgebildet, so daß nur bruchstückhafte Erinnerungen in sein Tagesbewußtsein fließen. Dies geschieht im Gegensatz zu den Wahrträumen meistens nicht im Tiefschlaf, sondern wenn sich der Astralkörper bereits wieder in der Nähe des physischen Körpers aufhält. In diesem oberflächlichen Schlafzustand ist auch das Unbewußte teilweise aktiv und vermittelt dem Gehirn oft Verdrängtes. Beide Faktoren zusammen ergeben ein unkontrolliertes Traumgeschehen.

Nur wenn sich die Bewußtsein weit genug entwickelt haben, wird ihnen gewährt, mit ihrem Astralleib bis hinein in die Mentalebene zu reisen. Die wenigsten wissen, daß Angstträume dadurch entstehen, daß das Seelenbewußtsein entwicklungsbedingt die Begleitung des Schutzengels ablehnt. Ein solches Astralwesen geht durch Sphären hindurch, in denen es schwingungsmäßig ausgeliefert und nicht angepaßt ist. Das reflektiert auf den Menschen zurück in Angstträumen. Wenn die Angst als Schwingung den physischen Körper überfordert, zieht dieser automatisch den Astralkörper zurück, und der Mensch erwacht in Erschütterung und in Schweiß gebadet.

Angstträume entstehen auch dann, wenn der Mensch Verdrängtes oder ichbezogene Wünsche nicht im Sinne der Entwicklung seines Hohen Selbst, sondern zu Eigenzwecken mit in die feinstofflichen Ebenen nimmt. Sein Hohes Selbst läßt diese unreine Energie auf den Schlafenden zurückfließen, was er schließlich als Angsttraum empfindet.

Es gibt auch Angstträume, die dadurch entstehen, daß im Schlafzustand Geschehnisse aus dem tiefsten Unbewußten hervortreten, die sich für den Schlafenden in Bilder der Angst und des Schreckens umsetzen. Es kann sich hierbei um Ängste als Überreste früherer Leben handeln. Das Hohe Selbst versucht, dieses Schwingungsfeld mit dem Tagesbewußtsein zu versöhnen und für Lösungen Bilder anzubieten.

Auch ein schlechtes Gewissen verursacht Angstträume. In einem solchen Fall versucht das astrale Bewußtsein den Grund des schlechten Gewissens, das Unrecht, auszugleichen. Alle diese Verarbeitungen geschehen nie im Tiefschlaf.

Schlafen ist eine andere Daseinsform des Lebens, die parallel zum Leben verläuft. Bewußt schlafen bedeutet auch, sich mit dem göttlichen Gesetz in Einklang zu bringen.

Ein Schlafender träumt luzid, wenn er weiß, daß er träumt. Er erlebt den Traum so lebendig wie sonst, ist sich aber des Traumzustandes bewußt. Die meisten Menschen haben schon einmal in einer kurzen Traumphase luzid geträumt, dann nämlich, wenn sie sich in einer großen Gefahrensituation mit dem kurz auftauchenden Gedanken beruhigt haben, das Ganze sei nicht so schlimm, weil es ja nur im Traum geschehe.

Beim luziden Traum ist der Mensch, obwohl sein Körper in die Dunkelheit der Nacht eingehüllt ist und sein Tagesbewußtsein in dieser Dunkelheit schläft, in Verbindung mit Licht. Dieses fließt aus seinem Hohen Selbst über die Silberschnur in sein Scheitelzentrum, und zwar in Bewußtseinsformen, die vom Tagesbewußtsein abgespalten sind. Diese Bewußtsein kann man sich als Glasfibern oder dünnste Haare vorstellen, die vom Scheitelzentrum über das Rückenmark zum Wurzelzentrum reichen. Wenn die Geschehnisse im Astralen dem Scheitelzentrum als Traum vermittelt werden – das sind ja nur umgewandelte Energien, die die Bilder entstehen lassen –, fließen diese Informationen über den beschriebenen Kanal ins Wurzelzentrum und teilen sich dem Schlafenden als Bildgefühl und tatsächliche Realität mit. Obwohl sein Körper schläft, ist das Körperbewußtsein in einem Bestandteil wach und sich seines irdischen und außerirdischen Daseins voll bewußt. Beim üblichen Traumgeschehen enden die aus den astralen Seelenbewußtsein kommenden Informationen im Scheitelzentrum. Das luzide Träumen hat seinen Grund darin, daß ein zusätzlicher Kanal vom Scheitelzentrum zum Wurzelzentrum zustandekommt. So wie der klinisch Tote kann auch der luzid Träumende über die Fähigkeit der außersinnlichen Wahrnehmung gleichzeitig in den physischen und astralen Bewußtsein sehen, hören und fühlen, weil er nicht nur außersinnlich wahrnimmt, sondern über den Draht zum Wurzelzentrum auch die Verbindung zum physischen Körper beibehält.

Als Kind hatte ich oft Träume, in denen mir gezeigt wurde, welche mit mir bekannten Personen bald sterben würden. Auch den Tod meines Großvaters sah ich zwei Tage im voraus. Damals machte ich mir keine Gedanken über dieses Geschehen, denn ich empfand es als etwas ganz Natürliches. Im ersten Kapitel dieses Buches habe ich geschildert, daß ich durch langes Üben lernte, die Meditationserfahrungen noch im tranceähnlichen Zustand niederzuschreiben. Ebenso habe ich mir die Fähigkeit angeeignet, meine Träume zu notieren, solange ich noch nicht ins Tagesbewußtsein zurückgekehrt bin. Ich schreibe dann bei geschlossenen Augen, das heißt, es ist mein astrales Bewußtsein, das meine Hand führt. Das Schriftbild ist so klein und eng, wie ich normalerweise nicht schreibe. Im folgenden bringe ich einige auf diese Weise festgehaltene Traumbeispiele.

Erstes Traumbeispiel

Ich hatte das Gefühl, wie fließendes Licht durch eine Spirale zu gleiten. Am obersten Spiralenrand glaubte ich zu verbrennen. Gleichzeitig empfand ich einen heftigen, unangenehmen Ruck. Mein Empfinden war von einer leichten Angst begleitet, die ich bald überwinden konnte. Plötzlich schwebte ich durch verschiedene Farbebenen. Das Gefühl von Unbegrenztheit und Freiheit war unbeschreiblich schön. Zwei Lichtwesen waren meine Begleiter, die ich plötzlich wahrnahm. Wir schwebten einem Garten zu. Die Landschaft war übersät mit mir fremden Blumen und Bäumen. Andere Wesen sah ich nicht, doch hörte ich das Leben und das Atmen der Pflanzen als Musik. Wie Nebelschwaden in verschiedenen Farben zogen Bilder an mir vorüber.

Zuerst sah ich die Stadt, in der ich zur damaligen Zeit wohnte, dann den Namen einer anderen Stadt in der

Schweiz. Von ihr wurde sogar ein Stadtteil sichtbar. Die Bilder wechselten wie im Kino. Plötzlich sah ich mich zuerst als Schüler, dann als Lehrer in einer Gruppe von Menschen. Am Schluß lag ein langer, fast unendlicher Weg vor mir. Ich spürte, daß es Zeit war, zurückzugehen. Die Lichtwesen begleiteten mich zu einer Pforte. Als fließendes Licht glitt ich durch die Spirale zurück. Als ich ins Tagesbewußtsein zurückkehrte, fand ich das Geschilderte niedergeschrieben auf einem Blatt Papier.

Fassungslos las ich es und konnte mir zuerst überhaupt keinen Reim darauf machen.

Damals wohnte ich zusammen mit meinem Sohn in Belgien. Ich hatte nicht die Absicht, in die Schweiz zurückzukehren. Nach einigen Wochen überkam mich aber eine solche innere Unruhe, daß ich den Gedanken an eine Rückkehr in meine Heimat weder bei Tag noch bei Nacht loswerden konnte. Der Verdrängungsprozeß dauerte ein halbes Jahr, bis ich mich endlich durchgerungen hatte, in die Schweiz zurückzukehren. Nun erinnerte ich mich meines Traumes, in dem ich den Namen einer Stadt gesehen hatte. Ich entschloß mich, in dieser Stadt ansässig zu werden. Ohne zu zögern meldete ich meinen Sohn in einer Schule in dem im Traum gesehenen Stadtteil an, obwohl ich noch immer keine passende Wohnung gefunden hatte. Wir durften bei Verwandten wohnen, die allerdings am anderen Stadtende lebten. Nach drei Monaten des Suchens fand ich dann endlich eine Wohnung in der Nähe der Schule. Nach weiteren sechs Monaten lernte ich in diesem Stadtteil jemanden kennen, der mich in eine Meditationsgruppe mitnahm. Nach einer gewissen Zeit war ich selbst Meditationslehrerin.

Zweites Traumbeispiel

Kaum war ich eingeschlafen, sah ich mich in einer sich langsam drehenden, hellen Kugel. Die Drehungen wurden schneller, und ich hatte den Eindruck, aus der Kugel herausgeschleudert zu werden. Als ich mich wieder zurechtfand, sah ich meine Umgebung in Spektralfarben. Plötzlich erkannte ich an meiner Seite wieder eine Lichtgestalt. Ohne zu zögern folgte ich ihr, und wir schwebten durch einen mir unendlich scheinenden Raum. Plötzlich befand ich mich inmitten eines Kriegsgeschehens. Es herrschte ein großer Tumult, und Verwundete lagen am Boden. Mein Blick wurde von einer Männergestalt angezogen, und ich verfolgte nur noch seinen Kampf. Plötzlich mußte er fliehen. Sein Pferd rannte über eine brennende Brücke, die im selben Moment zusammenbrach. Der Reiter und das Pferd stürzten mit einem gellenden Schrei in die Tiefe.

Schreiend und schweißgebadet wachte ich in meinem Bett auf.

Es war wohl ein Alptraum, dachte ich für mich selbst, und schlief nach einer gewissen Zeit wieder ein.

Wochen vergingen, ich hatte den Traum längst vergessen. Eines Sonntags war ich mit Freunden auf einer Wanderung. Der Weg führte uns an eine kleine, schmale Brücke. Unter ihr tobte ein Wildbach, und die Hänge fielen steil ab. Wir mußten über diese Brücke gehen, wollten wir unser vorgesehenes Ziel erreichen. Doch plötzlich wurde mir vor lauter Angst schlecht, und noch bevor ich mich meinen Freunden gegenüber äußern konnte, lief das ganze Traumgeschehen wieder vor meinem Inneren ab. Ich mußte fast zwei Stunden sitzen bleiben, bis ich mich wieder erholt hatte. Allmählich kehrten meine Kräfte zurück, und zu meinem eigenen Erstaunen konnte ich ohne Angst und schwindelfrei die Brücke überqueren. Heute weiß ich, daß ich in einem früheren Leben der zu Tode gestürzte Reiter war. Durch dieses Wissen hat sich meine bis dahin bestehende Angst vor Brücken und Abgründen aufgelöst.

Drittes Traumbeispiel

Mein Körper war Schwingung. Wellengleich floß ich durch einen langen, leuchtenden Stab. Plötzlich sah ich meinen schlafenden Körper unter mir liegen. Ich war weder erstaunt noch empfand ich Angst, denn helles Licht zog mich wie ein Magnet an. Ich schwebte in Glückseligkeit und konnte durch die Wand meines Zimmers den Raum verlassen. Im strahlenden Licht erkannte ich den geistigen Helfer aus früheren Träumen. Wir schwebten in einer blau schimmernden Dimension. Unerwartet plötzlich stand ich vor meinem seit Jahren verstorbenen Vater. Wir konnten uns nicht berühren. Ich spürte nur die innige Freude unseres Wiedersehens als tiefer, sich in mir ausbreitender Friede. Auch beim Abschied empfand ich Ruhe und Frieden. Nun wußte ich, daß es ihm gut ging.

Wir schwebten weiter, und ich befand mich plötzlich in einer Gruppe von Menschen. Ein Wesen, gekleidet wie ein Priester, sprach zu ihnen. Ich hörte die Worte, als würden sie nur zu mir gesprochen. »Fürchte dich nicht vor dem Leiden noch vor dem Tod. Im Leiden und in dem, was du Tod nennst, erhebt sich für dich die Freiheit. Jede Sekunde bringt dich dieser Freiheit näher. Der Tod ist ein Augenblick des Lebens. Der Tod trägt das Leben, so wie das Leben den Tod trägt. Sterben ist die Ablösung eines Bewußtseinszustandes und die Geburt in ein neues Leben. Geburt und Tod fallen in eines zusammen. Nach dem Tod übernimmt der Kosmos die Aufgabe der Eltern. Die vorgeburtlichen, ätherischen Kräfte durchfließen das feinstoffliche Sein, und in diesem Zustand wirst du die kosmischen Rhythmen bewußt erleben. Bete und meditiere und konzentriere dich auf das Prinzip, das immer war, ist und sein wird, denn dadurch erlangst du ein Bewußtsein, das über Tod und Geburt steht. Sag allen, die es hören wollen, daß Tod Leben bedeutet.«

Als ich erwachte und das Geschriebene vorfand, erfüllte mich tiefe Glückseligkeit. Jegliche Angst vor dem Tod war von mir gewichen, und ich fühlte mich wie neu geboren.

Vor allem auch durch diesen Traum ist mir bewußt geworden, daß zwischen dem Wach- und Schlafzustand kein Unterschied besteht, wenn ein Mensch gelernt hat, beide Zustände aus dem höheren Bewußtsein heraus zu erfahren.

Der Herzschlag der Erde

Wenn die Sonne am Horizont langsam untergeht, verändert sich für den betroffenen Erdteil der Pulsschlag der Erde. Die Blumen schließen ihre Kelche. Das Jubilieren der Vögel fließt wie ein Nachtgebet ins Luftelement und senkt sich als Schwingung des Friedens über die Erde. Diese äußeren sichtbaren Zeichen weisen darauf hin, daß sich der Lebensrhythmus der Erde verlangsamt. In ihrem Schwingungsfeld hat die Erde genau so wie der Mensch einen Herzschlag, der durch sein Pulsieren das Leben in Gang hält.

Die Schwingungen der Erde setzen sich aus den vier Elementen, aus der Gedankenausstrahlung aller Menschen und ihren verschiedenen Bewußtseinsgraden, aus dem Mineral-, Pflanzen- und Tierreich, zusammen. Diese Schwingungen sind nur bis an die Peripherie des Erdballs erkennbar. Wenn also die Sonne untergeht und die Nacht langsam der Erde ihr dunkles Tuch um die Schultern legt, das Licht von den Schatten der Nacht eingeholt wird, beginnt nicht nur der Mensch, sondern die Welt zu schlafen.

Der Schwingungskreislauf tritt in eine andere Bahn und beeinflußt dadurch den menschlichen Organismus. Der Körper wird müde, weil der Pulsschlag der Erde in seinen Organismus langsam hineinfließt. Es ist nicht nur eine alte Weisheit, sondern eine naturgesetzmäßige Wahrheit, daß sich der menschliche Organismus im Schlaf vor Mitternacht besser erholt als danach. Wenn sich ein Mensch optimal erholen will, ist die ideale Zeit zum Schlafenlegen

22.30 Uhr. Schwingungsmäßig ergibt das die Zahl des Planeten Merkur – Merkur, der Reisende, in diesem Zusammenhang jener Planet mit seinen Einflüssen, der mithilft, den wechselnden Rhyhtmus der Erde und den hierdurch beeinflußten menschlichen Rhythmus zu bewirken. Erst im neuen Zeitalter werden solche Einflüsse dem menschlichen Bewußtsein zugänglicher. Menschen, die weniger Schlaf brauchen, sollten, wenn sie sich um die angebene Zeit schlafen gelegt haben, um 5 Uhr morgens frisch sein und aufstehen. Menschen, die mehr Schlaf brauchen, sollten um 6 Uhr aufstehen. Wenn ein Mensch in diesem Lebensrhythmus lebt, vermag er sich nach dem Aufstehen mit einem kurzen Spaziergang im Lichte des anbrechenden neuen Tages schwingungsmäßig in allen Körpern optimal zu harmonisieren.

Es gibt Menschen, die ein überdurchschnittlich großes Schlafbedürfnis haben und am Morgen kaum aus dem Bett kommen. Wie wir festgestellt haben, greift der verlangsamte Rhythmus der Erdelemente bei Beginn der Nacht auf den Körper über, und auch die Schwingungen der Elemente im Körper selbst verlangsamen sich, so daß auch dieser sich auf den Nachtrhythmus einstellt. Dieser Rhythmus ist im Energiekreislauf des Körpers eine linear verlaufende Schwingung. Bei zu hoch konzentrierter nächtlicher Gedankenarbeit durchkreuzen wellenartige Gedankenimpulse, die in den Körper fließen, immer wieder störend den linear verlaufenden Schlafrhythmus. Das Körperbewußtsein versucht dann, diese Störungen auszugleichen. Dies verbraucht allzu viel Kraft und Nervensubstanz, und der Körper kann die Schlafenergien nicht auftanken. Ein solcher Mensch fühlt sich deshalb am Morgen wie zerschlagen und kann auch tagsüber von einer plötzlichen Müdigkeit überfallen werden, die sich dann auch schwingungsmäßig in Unkonzentriertheit und in innerer

Unruhe ausdrückt. Seine Gedanken sind sprunghaft, und oft reagiert er anderen gegenüber in Kleinigkeiten gereizt.

Diese Art von Müdigkeit kann nicht mit Schlaf bekämpft werden, denn je mehr ein solcher Mensch schläft, um so müder wird er. Die einzige Hilfe ist, daß er sein Fehlverhalten analysiert und sich umprogrammiert. Oft hat ein solcher Mensch intuitiv einen besonderen Weitblick für seine Lebensaufgaben. Seine Perspektive ist daher viel größer, und er erahnt und erfaßt Aufgaben und Geschehnisse weit in die Zukunft hinein. Es beschäftigt ihn so, daß er diese Gedankenempfindungen in den Schlaf nimmt und mit ihnen in unkontrollierter Weise das Körperbewußtsein belastet, statt diese gedankliche Nachtarbeit in das astrale Bewußtsein zu verlegen.

Hierfür genügt es, wenn er sich vor dem Einschlafen seiner höheren geistigen Führung gedanklich öffnet und sich vertrauensvoll darauf einstellt, daß seine gedankliche Nachtarbeit in Zusammenarbeit mit dem Helfer getan wird, und zwar ausschließlich in den dafür bestimmten feinstofflichen Ebenen. Wenn er sich außerdem vor dem Einschlafen vornimmt, daß nur die für ihn wichtigen Erzeugnisse dieser Arbeit beim Aufwachen in sein Tagesbewußtsein dringen und das nicht Ausgereifte in den feinstofflichen Ebenen zurückbleibt, ist der physische Körper nicht unnötigerweise belastet.

Allerdings können uns Hilfen aus den astralen Ebenen nur gewährt werden, wenn wir wissen, was wir wollen. Das geistige Gesetz respektiert immer unseren freien Willen. Schwingungsmäßig besteht ein großer Unterschied zwischen dem, was wir wollen, und dem, was wir nur möchten. Das Möchten ist zu unbestimmt. Helfer in den geistigen Dimensionen können nur tätig werden, wenn sie einen klaren Ansatzpunkt in uns finden.

Wieviel Schlaf ein Mensch braucht, hängt einerseits

von den planetarischen Einflüssen seiner Elementenkonstitution ab, und andererseits von der Entwicklung seines Bewußtseins. Diese beiden Gesetzmäßigkeiten fließen als Schwingung ineinander und bewirken die Müdigkeit. Es gibt Menschen, und es hat sie immer gegeben, die diese Gesetzmäßigkeit intuitiv in sich erfaßten, sie durch ihre Bewußtseinsentwicklung veränderten und dadurch mit einem Minimum an Schlaf – drei bis vier Stunden – auskamen und auskommen. Im allgemeinen ist der Mensch seinen Gewohnheiten verfallen, und er macht sich keine Gedanken, ob er im oder gegen den natürlichen Lebensrhythmus der Natur lebt. Er pflastert sich nach eigenem Gutdünken Lebensrhythmen zusammen und wundert sich, wenn er krank wird oder ständig müde und unausgeglichen ist. Er schiebt es dann auf die Schwierigkeiten, die ihm im täglichen Leben begegnen. Das Bewußtsein der Menschen ist bis heute noch nicht so weit entwickelt, daß es den Lebensrhythmus, der der Natur zugrunde liegt, und den Pulsschlag der Welt in sich nachvollziehen kann, um seinen Lebensrhythmus, also seine Natur, seine kleine Natur, dem großen Naturgesetz und seinem Rhythmus anzupassen. Es war immer so, daß sich gewisse Entwicklungen bis zum extremsten Punkt hin entwickelt haben, um dann in sich zusammenzufallen in die eigene Mitte. Das gilt für den Menschen wie für die Natur.

Da jede extreme Entwicklung ein unausgewogenes Schwingungsfeld in der astralen Dimension erzeugt, fließen diese Schwingungen nach der Gesetzmäßigkeit von Ursache und Wirkung auf den sich extrem entwickelnden Menschen und seine Zeit zurück, das heißt in den Mittelpunkt der Welt und in den Mittelpunkt des Menschen. Diese Mitte ist der Schnittpunkt der Zeitfaktoren Vergangenheit und Zukunft, ist der Ausgangspunkt für neue, harmonische Entwicklungen. Und es sind auch die Extreme in der Entwicklung unserer Zeit, die das neue Zeitalter entstehen lassen. Das Gesetz von Ursache und Wirkung hat seine Gültigkeit nur bis in die Astralebene, bis in jene Zonen, in denen die Vergangenheit, die Gegenwart und die Zukunft in ihren Umwandlungsprozessen auf die irdische Welt zurückwirken. Dieses Gesetz ist in der höheren Astralebene, in der Mental- und Kausalebene aufgehoben, ebenso wie alles Räumliche und die Zeit.

Die vier Elemente

Der Äther, auch Akasha genannt, ist das Ursachenprinzip. Man kann auch sagen: der göttliche Geist. Durch Spaltungen der Bewußtseinsarten entstanden die Elemente: das Feuer, die Luft, das Wasser, die Erde und die ihnen zugehörigen Verstofflichungen wie Vulkane und Waldbrände (Feuer), das Pflanzenreich und der Horizont (Luft), die Flüsse und die Ozeane (Wasser), die Planeten und die physischen menschlichen Körper (Erde).

In der Dimension Welt existieren die vier Elemente nicht nur in der Erde selbst, sondern auch im Menschen. Die Beine bis hin zum Steißbein sind dem Erdelement, Leber, Magen, Milz und der Verdauungsapparat dem Wasserelement zugeordnet, der Atembereich bis hin zum Hals dem Luftelement und der Kopf schließlich dem Feuerelement. Die Elemente im menschlichen Körper sind mitverantwortlich für seine Gesundheit. Es sind fließende Energien, die erzeugen, aufbauen, verbinden, zersetzen. Der Einwirkung der Elemente ist das Altern des Körpers zuzuschreiben.

Auch bei der außersinnlichen Wahrnehmung haben die Elemente im Menschen eine Funktion. Sie sind es, die zum Beispiel in einem tranceähnlichen Zustand verhindern, daß durch die Ausdehnung der Energiezentren und der den Körperorganen fremden Schwingungen Schädigungen eintreten. Sie beleben die Organe und durchströmen sie mit ihren Energien um das Zweifache. Ein Mensch im tranceähnlichen Zustand hat eine bis auf das

Minimum verringerte Körperfunktion, das Herz schlägt langsamer, der Kreislauf ist schwächer. In diesem ungewohnten Körperzustand werden dann über die Energiezentren funktionswichtige Energien zugeführt.

Ein jähzorniger Mensch beispielsweise bekommt, wenn er sich aufregt, einen roten Kopf, weil das Feuerelement durch die Unbeherrschtheit in seiner Schwingung aus dem harmonisch ineinanderfließenden Energiestrom wie eine lodernde Flamme ausbricht. Wenn jemand »nicht abschalten kann«, ist ebenfalls dieses Element zu aktiv.

Wenn bei einem Menschen das Luftelement unharmonisch ist, fällt er bei der kleinsten Gelegenheit in Ohnmacht. Wenn jemand auf jede Wetterlage empfindlich reagiert, ist nicht nur sein Herzzentrum verkrampft, sondern das Luftelement überaktiv. Ebenso dann, wenn ein Mensch nicht ruhig gehen kann, sondern immer rennt.

Ist bei einem Menschen das Wasserelement gestört, bekommt dieser nach der geringsten Aufregung einen sich sichtbar vergrößernden Blähbauch. Menschen, die sich schlecht konzentrieren können, verträumt sind, immer anderen Gedanken nachhängen, sind von einer Fehlfunktion des Wasserelementes beeinflußt.

Menschen mit einem gestörten Erdelement haben einen sehr unruhigen Schlaf, weil ihr physischer Körper nur in schwacher Weise mit dem Pulsschlag der Erde harmonisiert. Mit dem Pulsschlag, dem Rhythmus der Erde, sind auch die Einwirkungen der Elemente auf den schlafenden Menschen gemeint. Wenn ein Mensch Schlafstörungen hat, sollte er sich vorstellen, daß er vor dem Einschlafen seinen Körper bei den Füßen beginnend bis zum Kopf mit schwerer, lehmartiger Erde füllt. Die Übungen ersetzen, wie er bald feststellen wird, alle Medikamente zum Einschlafen.

Die Elemente bestimmen im Zusammenhang mit den

Planeten auch die Charaktereigenschaften eines Menschen. Die Einflüsse der Planeten hängen von der Zusammensetzung ihrer eigenen Elemente ab und bestimmen das Charakterbild und die Stärke der im Menschen wirkenden Elemente. Diese Einwirkungen erzeugen die charakterlichen Grundlagen.

Wenn in der einem Menschen zugeordneten Planetenkonstellation das Wasserelement vorherrscht, fördert dies bei ihm die Neigungen zu Depressionen, zu Introvertiertheit, Sich-Zurückziehen, wenn er angegriffen wird. Überwiegt in der Planetenkonstellation das Erdelement, ist mit einem eher schwerfälligen, trägen Charakter zu rechnen. Ein ausgeprägtes Luftelement stützt den abwägenden, prüfenden, auch hinauszögernden Zug im Charakter. Ist die planetarische Einwirkung des Feuerelementes besonders stark, neigt der Mensch dazu »durchzubrennen« und hat mit seinem ungeduldigen, aufbrausenden Temperament zu kämpfen.

Wenn ein Mensch Seelenbewußtsein entwickelt hat, ist er den planetarischen Einflüssen durch die Elemente nicht in dem Sinne ausgesetzt, wie die heutige Astrologie glaubt, so daß der Mensch sogenannte charakterliche Schwächen mit Hilfe des höheren Bewußtseins überwinden kann. Die Astrologie vergißt bei ihrer Auswertung das alles umschließende kosmische Gesetz, das je nach entwickeltem Bewußtsein die Elemente und ihre Auswirkungen auf den Charakter beeinflußt.

Die Gedanken aller Menschen sind Energien, die wiederum die Elemente im Kosmos beeinflussen. Das gesamte menschliche Gedankengut zusammen mit einer gesunden oder umweltverschmutzten Natur und ihrer Ausstrahlung beeinflußt auch das Wetter. Das mag für viele unvorstellbar sein. Je mehr sich aber der Mensch im neuen Zeitalter bewußt wird, daß alles Schwingung und Energie ist, wird er sich darüber klar werden, wieviel auch der Mensch beeinflussen und erzeugen kann.

Auch in den feinstofflichen Dimensionen bis hin zur Mentalebene erzeugen die Elemente Energien, die alle Planeten in ihrem Kreislauf bestimmen. In den höheren Dimensionen sind die Elemente nicht mehr Erde, Wasser, Luft und Feuer, sondern nur noch feinste Atome, die in ihrer Ausstrahlung Schwingungen der Wärme, der Feuchtigkeit, der Trockenheit und des Staubs erzeugen. Die Energiezusammensetzungen sind auch mitbestimmend für das Klima, für Wärme und Kälte. Wie ich schon sagte, fließt aus dem zeitlosen und elementelosen Ursachenprinzip die reinste Energie durch alle Sphären und Planeten. Sie ist das Bindeglied zwischen allen Körpern, allen Planeten und der Welt, und ohne das Zusammenwirken dieses reinsten Lichtes und der Elemente könnte bis hinauf in die Mentalebene nichts existieren.

Es gibt auch Meditationen, in denen jedes einzelne Element fühlbar gemacht werden kann. Würde zum Beispiel ein Mensch das Feuerelement in seinem Körper so beherrschen, daß er bis zu seiner höchsten Form entwickelt wäre, könnte er über dieses Element und mit der Kraft seiner Gedanken eine Kerze anzünden. Abschließend darf ich sagen: Die Elemente sind eine alles zusammenhaltende Energie, die aus der Mentalebene über alle Planeten bis hin zur Welt ein kosmisches Lebenselixier darstellt.

Der innere Weg

Immer wieder ist es mir ein Bedürfnis, über die Meditation als möglichen Weg zur Entwicklung des Bewußtseins zu sprechen. Jeder kann diesen Weg der Selbsterfahrung gehen, weil er unabhängig ist von Weltanschauung, Religion, Rasse und gesundheitlichem Zustand. Sogar Kinder und auch ältere Menschen können meditieren lernen, weil die Meditation nicht vom Alter abhängig ist.

Meditation bedeutet Nachsinnen, bis man den Sinn findet. Sie kann zum leuchtenden Pfad werden und uns dabei helfen, das göttliche Licht in uns zu entdecken. Durch Meditation findet ein Reifungsprozeß der Persönlichkeit statt. Sie ist aber auch eine Kommunikationsmöglichkeit mit dem Göttlichen in uns selbst. Sie stillt unsere Gottessehnsucht und läßt uns das Geborgensein in Gott empfinden.

Meditation ist wie ein Blumenteppich, auf dem sich unsere Seele ausruhen kann. Sie lehrt uns, die verstandesmäßigen Grenzen aufzuheben, damit Unbewußtes und Bewußtes zur Harmonie gelangen. Bisher unbewußte Ebenen werden zu neuen Quellen der Kraft, da sie durch die Meditation dem Tagesbewußtsein zugänglich werden. Die Meditation bringt uns der Nächstenliebe näher und lehrt uns, Unverzeihliches zu verzeihen. Sie ist wie eine unversiegbare Quelle, aus der wir alle Energie schöpfen können. Durch die Meditation lernen wir, die Begrenztheit unseres Ichs aufzulösen und uns Gott zu öffnen. Man könnte vielleicht sagen: Wenn wir beten, sprechen wir zu

Gott; wenn wir meditieren, lassen wir Gott zu uns sprechen.

In der Meditation geben wir das Verstandes- und das Körperbewußtsein auf, und wir finden den inneren Menschen, den göttlichen Funken. Meditation ist eine Übung, die die Gedanken auf den Mittelpunkt einstellt, damit sich die Seele unbeirrt von Wünschen in der jenseitigen Welt orientieren kann. Durch Meditation entwickeln wir die feinstofflichen Energiezentren und werden fähig, eine bewußte Verbindung zu unserem Hohen Selbst herzustellen.

Jeder Meditierende macht die Erfahrung, daß sich anfänglich der Verstand mit seinen störenden Gedanken zur Wehr setzt und das ihm zunächst fremdartige neue Erleben als Phantasiegebilde abtut. In Wirklichkeit aber dehnt sich unser Begreifen aus, und wir verlieren nach und nach die Abhängigkeit vom reinen Verstandesdenken. Was wir für Realität halten, ist durch Zeit, Raum und Verstand beschränkt. Wenn wir eine Landschaft von der Erde aus betrachten, bietet sich unserem Auge eine ganz bestimmte Perspektive. Steigen wir in ein Flugzeug, verändern sich die Bedingungen unserer Wahrnehmung. Die Landschaft erscheint jetzt in einer veränderten Perspektive und wird zu einer anderen Realität. Dieselbe Erfahrung machen wir in der Meditation. Nicht mehr auf die fünf Sinne beschränkt und frei von den Einengungen des Verstandes nehmen wir die Wirklichkeit in neuer Weise wahr, öffnen sich uns andere Realitäten. Die neuen Perspektiven geben den Blick frei für Lösungen, die wir vorher nicht erkennen konnten.

Wenn wir eine Vorstellung in uns hegen, aktivieren wir Energien. Jeder hat schon erfahren, daß die Vorstellungskraft sicht- und fühlbare Reaktionen im Körper auslösen kann. Die Vorstellung einer Lieblingsspeise »macht uns den Mund wäßrig«. Würden wir uns intensiv genug vorstellen, wir wanderten unter der sengenden Sonne durch die Wüste, würden wir bald zu schwitzen beginnen. Wir wissen auch, daß wir durch pessimistische, negative Gedanken Krankheiten erzeugen können. In der Meditation lernen wir nun, die Vorstellungskraft im positiven Sinne auszubilden und die so erzeugten Energien richtig einzusetzen, sie beispielsweise einem erkrankten Organ zuzuführen. So können wir auf unser körperliches und auf unser seelisches Befinden einwirken, Schwächen sowie schlechte Gewohnheiten besiegen.

Jedem Tun geht der Gedanke, die Vorstellung voraus. Wenn wir ein Haus bauen wollen, müssen wir uns zunächst die Pläne erarbeiten. In der Meditation fertigen wir die Pläne für ein bewußteres Leben an. Sie erspart uns manche Umwege und schmerzvolle Erfahrungen.

Meinem Leben hat die Meditation einen tieferen Sinn gegeben. Sie war es, die mir den Blick hinter den Schleier meiner äußeren Form ermöglichte. Sie hat die Grenzen meiner Erkenntnis aufgestoßen und wird alle neuen Grenzen immer wieder sprengen.

Die Meditation als geistiger Weg ist vielseitig:

Meditation zur Harmonisierung von Verstand und Gefühl.
Meditation zur Stärkung seelischer Tragfähigkeit.
Meditation zur Entwicklung des inneren, geistigen Arztes.
Meditation zur Erforschung des seelischen Unbekannten.
Meditation als Schulung des Geistes.
Meditation zur Erweiterung des höheren Bewußtseins.
Meditation als Sterbevorbereitung.

Ich werde immer wieder nach Meditationsübungen gefragt und will hier einige aufzeigen.

Vor jeder Meditation sollten Sie sicherstellen, daß Sie nicht gestört werden, weder durch Hausbewohner noch durch Telefonanrufe. Anstatt die Meditationen auswendig zu lernen, können Sie sie auf Band sprechen und abspielen. Eine ruhige Musik im Hintergrund erleichtert die Entspannung.

Wir nehmen Abstand vom äußeren Geschehen, richten den Blick nach innen und werden ganz still. Wir werden uns bewußt, daß wir niemandem etwas beweisen müssen, nicht einmal uns selbst. Wir hegen keine Erwartungen und ruhen still in uns, lassen uns von den Schwingungen des Kosmos durchfluten.

Erste Meditationsübung

Schließen Sie die Augen und halten Sie sie bis zum Ende der Meditation geschlossen.

Atmen Sie ruhig ein und aus. Stellen Sie sich beim Ein- und Ausatmen vor, daß Harmonie, Friede und Ruhe in Sie hineinfließen und nun langsam Ihren Körper entspannen.

Immer tiefer entspannt sich Ihr Körper.

Mit Hilfe Ihrer Vorstellungskraft schließen Sie sich in einen Schutzkreis ein; Sie zeichnen in Gedanken mit einem Leuchtstift von den Füßen beginnend bis hin zum Kopf eine Spirale, die sich zu einer Lichthülle um Ihren Körper verdichtet. Da Gedanken Energien sind, fühlen Sie sich nun geborgen und geschützt in dieser Lichthülle.

Beim nächsten Ausatmen stellen Sie sich vor, daß alle störenden Gedanken, Ängste und Probleme als Energien in den Kosmos zurückfließen; alle negativen Schwingungen verlassen Ihren Körper. Sie fühlen, wie das Gute sich in Ihnen ausbreitet. Sie fühlen, daß Sie gut sind. Harmonie, Friede und Ruhe füllen Sie aus. Sie entspannen sich immer tiefer.

Wenn Sie Ihren Körper und Ihre Gedanken zur Ruhe gebracht haben, versuchen Sie sich vorzustellen, daß Sie auf einer grünen Wiese sitzen.

Sie lauschen dem Klang eines tosenden Wasserfalls. Ein warmer Sommerregen rieselt auf Sie hernieder. Tief atmen Sie die ionisierte Luft ein und spüren gleichzeitig, wie alles Unharmonische aus Körper und Seele weggeschwemmt wird.

Betrachten Sie gefühlsmäßig jedes einzelne Ihrer Körperorgane.

Stellen Sie sich vor, daß der Sommerregen, das Element des Wassers, Ihren Körper und Ihre Seele reinigt.

Bleiben Sie in dieser Betrachtung, und stellen Sie sich jedes Organ gesund und gereinigt vor.

Danken Sie den Organen für alle Ihnen erbrachten Leistungen.

Ihr Körper entspannt sich immer tiefer.

Sie werden leichter und leichter.

Lassen Sie es geschehen, verschmelzen Sie mit den Schwingungen von Harmonie, Friede und Ruhe.

Bleiben Sie jetzt noch etwa weitere zehn Minuten still sitzen. Gehen Sie auftauchenden Gedanken nicht nach, sondern lassen Sie sie wie leichte Wolken an sich vorbeiziehen. Lauschen Sie nur still in sich hinein.

Bevor Sie die Augen wieder öffnen, sprechen Sie laut vor sich hin: »Ich liebe meinen Körper, denn er ist das Gefäß meiner Seele und meines Geistes.«

Bitte vergessen Sie nie, sich nach jeder Meditation zu schließen (siehe im Kapitel über den Ätherkörper).

Zweite Meditationsübung

Wenn Sie Ihren Körper zur Ruhe gebracht und den Schutzkreis gezogen haben, stellen Sie sich vor, daß vor Ihnen ein großer Becher steht. Alle Ängste, Sorgen, Zweifel, Haßgefühle, Enttäuschungen, den Neid und die Krankheiten lassen Sie in Ihr Bewußtsein treten. Sie lassen diese negativen Energien wie einen schwarzen Strom in den vor Ihnen stehenden Becher fließen.

Alle Schwere fällt von Ihnen ab, Sie fühlen sich immer leichter.

Stellen Sie sich vor, daß aus dem Kosmos weißes Licht in den Becher fließt und den schwarzen Strom auflöst, der in reines Licht verwandelt wird.

Mit Hilfe Ihrer Vorstellungskraft trinken Sie aus diesem mit Licht gefüllten Becher.

Stellen Sie sich vor, wie die Kraft der Veränderung in Ihnen wirksam wird und alles Negative in Licht verwandelt.

Sie sehen Ihren Körper in hellem Licht.

Bleiben Sie in dieser Betrachtung fünfzehn Minuten sitzen. Wenn Gedanken auftauchen, lassen Sie sie wie kleine Boote auf einem Strom an Ihnen vorbeiziehen.

Bevor Sie die Augen öffnen, sprechen Sie laut vor sich hin: »In mir ist nur Positives. Körper und Seele sind harmonisch, heil und rein.«

Bitte vergessen Sie nicht, sich zu schließen.

Dritte Meditationsübung

Bringen Sie Ihren Körper, wie schon beschrieben, in den Ruhezustand und hüllen Sie sich in den erforderlichen Schutzkreis ein.

Dann stellen Sie sich vor, daß Sie mit nackten Füßen über die frische Erde eines Ackers gehen.

Tief atmen Sie seine Scholle ein.

Inmitten des Ackers steht ein Baum.

Gehen Sie langsam auf ihn zu.

Setzen Sie sich auf den Boden und lehnen Sie Ihren Rücken an seinen Stamm.

Stellen Sie sich vor, daß Sie den Baum so lange einatmen, bis Sie sich selbst als Baum fühlen.

Spüren Sie seine und auch Ihre eigene Standfestigkeit.

Empfinden Sie die Ausstrahlung des Baumes.

Fühlen Sie seine Geborgenheit und Wärme.

Fühlen Sie nun, wieviel Ausstrahlung und Wärme Sie selbst besitzen und an andere abgeben können.

Bleiben Sie in dieser Betrachtung wiederum zehn Minuten still sitzen. Immer wieder lassen Sie eventuell auftretende Gedanken an sich vorüberziehen.

Bevor Sie die Augen öffnen, sprechen Sie laut vor sich hin: »Ich empfinde den Fluß meiner eigenen Natur, die ich vom Göttlichen beseelt weiß. Aus der Kraft dieser Natur vollende ich das, was ich zu vollenden habe.«

Bitte vergessen Sie nicht, sich zu schließen.

Vierte Meditationsübung

Nachdem Sie Ihren Körper zur Ruhe gebracht und die Schutzhülle gebildet haben, stellen Sie sich vor, daß Sie mit einer Seilbahn auf eine Bergspitze fahren. Lassen Sie alle Sorgen unter sich zurück.

Spüren Sie, wie Sie von allem Ballast frei werden. Auf der Bergspitze angekommen, steigen Sie in einen Ballon.

Er fliegt langsam hoch und Sie werden leichter und leichter.

Er trägt Sie in eine blaue Ebene.

In ihr landet der Ballon und Sie steigen aus.

Langsam gehen Sie über einen Weg, der Sie zu einem Haus führt.

Sie treten ein, und eine warme Atmosphäre hüllt Sie ein.

Es ist das Haus der Besinnung.

Mit Hilfe Ihrer Vorstellungskraft ziehen Sie ein weißes Gewand über, das für Sie bereitliegt.

Sie fühlen sich in ihm wohl und geborgen.

Es strahlt Liebe und Licht in Ihren Körper aus.

Bleiben Sie so zehn Minuten sitzen.

Sie erleben, wie der Körper sich von Mal zu Mal tiefer entspannt und wie Sie sich von Ihren Gedanken immer besser lösen können.

Bevor Sie die Augen öffnen, stellen Sie sich vor, daß der Strahl der Liebe und des Lichts über die ganze Welt fließt und daß heilbringende Energien aus der göttlichen Kraft alle Menschen, Tiere und Pflanzen und Sie selbst einhüllen.

Geben Sie der Meditation einen festen Platz in Ihrem Tagesablauf. Auch wenn Sie eine Meditation fünfzig Mal und häufiger wiederholen, der Text also unverändert bleibt, werden sich die persönlichen Erfahrungen durch die voranschreitende Entwicklung in jeder Meditation unterschiedlich zeigen.

(Meditationskassetten, von Frau Wallimann besprochen, sind im Rahmen des Bauer-Tonprogramms erschienen und können vom Verlag Hermann Bauer bezogen werden.)

Im »Bauer-Tonprogramm«, das vom Verlag Hermann Bauer in Freiburg herausgegeben wird, sind die folgenden, von Silvia Wallimann besprochenen Meditationskassetten (Musik: Christian Bühner) erschienen:

Harmonie und innerer Frieden (Best.-Nr. 8540)

In Verbindung mit der geistigen Führung
(Best.-Nr. 8541)

Elemente-Meditation (Best.-Nr. 8543)

Ganzheitliche Harmonisierung (Best.-Nr. 8574)

Diese Tonkassetten sind durch Ihren Buchhändler zu beziehen.

Die Freude

Eines Tages begegnete mir beim Einkaufen eine alte Dame. Ich kannte sie nicht, doch sie sprach mich an und fragte: »Spüren Sie auch die Freude, die dieser herrliche Tag ausstrahlt?« Ich war ganz verdutzt und gab ein paar freundliche Worte zurück. Die Begegnung machte mir klar, daß die Welt um uns viele Freudengeschenke bereithält, die wir nur allzu oft nicht wahrnehmen.

Die Freude ist jedoch ein ganz wichtiges Lebenselixier im menschlichen Dasein. Sie ist wie ein Kind in uns, das sich an allem freut, unbändig, ungestüm und voller Tatendrang. Wir dürfen dieses Kind in uns nicht sterben lassen. Die Freude erzeugt Schwingungen, die unsere Seele stärken und unsere Erwartungen anderen gegenüber verringern. Freude empfinden bedeutet, fähig sein, zu fühlen. Fühlen, was wir an Kraft in uns aufsaugen, wenn wir durch einen Wald gehen und die kühle Luft einatmen. Fühlen, wieviel Geborgenheit und Wärme ein Baum ausstrahlt und was die Farben der Blumen uns sagen. Je mehr ich mich in meinem Leben der Natur öffnete, um so mehr zeigte sie sich mir als eine unerschöpfliche Quelle der Freude. Freude, die sich auch in sorgenvollen Tagen in Kraft verwandelt.

Wenn ich heute einen sommerlichen Spaziergang mache, stelle ich mir vor, daß sich alle Poren meines Körpers öffnen, so daß das Sonnenlicht ungehindert in mich einfließen kann. Durchflutet vom Licht, mache ich mir bewußt, daß Gott Licht ist und fühle mich ihm so nahe, daß ich mich oft der Freudentränen nicht erwehren kann. Fällt ein warmer Sommerregen, dann halte ich auch schon einmal an, strecke meine Arme aus, lasse die Tropfen auf meine Handflächen fallen und empfinde Freude über den Segen des Regens. Dann weiß ich: Kein Tropfen Wasser fällt zur Erde, ohne daß etwas in mir geschieht; alles ist eingeordnet in das Gesetz von Ursache und Wirkung. Wenn ich die magnetische Anziehungskraft des Wassers auf meiner durchnäßten Haut fühle, spüre ich zugleich die Verbindung zu dem Wasserelement in mir selbst. Und ich empfinde die tiefe Freude einer Reinigung.

Weht bei einem Spaziergang der Wind, so wende ich mich ihm innerlich zu, versuche, ihm zu lauschen, seine Töne aufzunehmen, ja nehme mir vor, mich mit dem Luftelement zu verbinden. Und wenn ich meditierend durch den Wald gehe und die Blätter im Winde rauschen, dann höre ich in diesem Rauschen die Schwingungen einer ganz bestimmten Melodie: Ein Gebet zu Ehren des Schöpfers. Wir können uns auch mit dem Erdelement verbinden, wenn wir an einem warmen Tag im Wald oder auf der Wiese unser Ohr auf den Boden legen und tief in die Erde hineinlauschen. Wir lernen so, auf neue Art zu hören, zu fühlen und Freude zu empfinden.

Wenn ich in meinem Leben freudlos und verdrossen war, versuchte ich, den Ursachen nachzugehen. Häufig stellte ich fest, daß ich mich in kleinen, unwichtigen Dingen verloren hatte, daß ich nicht vorankam und mich als Gefangene der Zeit empfand. In diesem Zustand war ich immer in besonderer Weise auf die Anerkennung durch andere Menschen angewiesen. Ich kam sehr bald darauf, daß ich mir selbst die nötige Anerkennung versagt hatte. Also rief ich mir meine guten Eigenschaften in Erinnerung und sprach mir selbst Anerkennung aus, wenn ich eine gute Leistung vollbracht hatte. Ich lernte auch, die Ziele anfänglich nicht allzu hoch zu stecken, damit ich auch erreichen konnte, was ich mir vorgenommen hatte. So vermied ich Enttäuschungen. Die Summe der kleinen Erfolge, die ich mir anerkennend selbst bestätigte, weckte Schwingungen der Freude in mir. Ängste lösten sich auf, ich wurde mit der Zeit belastbarer sowie unabhängiger von der Anerkennung anderer.

Ich merkte bald, wie nun die positive Ausstrahlung, die von mir ausging, auch den Menschen um mich herum wohltat. Mit immer mehr Eifer überlegte ich, wie ich mir selbst durch Veränderung meines Verhaltens Freude bereiten konnte, und mir wurde klar, daß ich damit eine wichtige Verantwortung mir selbst gegenüber wahrnahm. Liebe deinen Nächsten wie dich selbst – diese Forderung setzt ja voraus, daß man zunächst sich selbst liebt. Wenn wir dies in der richtigen Weise tun, können wir auch viel erfolgreicher anderen Freude bereiten. Immer, wenn wir Freude empfinden, sollten wir sie ganz bewußt nach außen strahlen. Jeder hat schon erlebt, wie ein aus der Seele kommendes Lächeln einen Tag aufgehellt hat, ohne daß es eines Wortes bedurfte. Aber auch, wenn keine Gelegenheit besteht, die eigene Freude sichtbar zum Ausdruck zu bringen, können wir sie als Wärme ausströmen, die der andere mit seinem Seelenkörper aufnimmt.

Wir sollten uns immer wieder bewußt machen, daß auch ein bloßer Gedanke Energie ist und wir auf einem Gedankenstrahl einem anderen Menschen Freude übermitteln können. Tun wir dies, vielleicht auch und gerade dann, wenn wir ein gespanntes Verhältnis zu ihm haben, verändern wir mit unserer Gedankenenergie die Beziehung zwischen ihm und uns, verändern ein Stück Welt zum Besseren.

Gewiß, was immer wir an Freude empfinden oder verschenken, über kurz oder lang erkennen wir im Laufe unseres Lebens, daß ein großes Sehnen in uns niemals und von niemandem zu stillen ist: die Gottessehnsucht. Sie ist die geistige Antriebskraft der menschlichen Entwicklung überhaupt. Menschen können sich das Göttliche nicht vorstellen, weil das Begrenzte nicht das Unbegrenzte fassen kann. Unser physischer Körper könnte die Schwingungen des göttlichen Lichtes gar nicht ertragen. Also ist uns das Gottessehnen, der Wunsch, die Grenzen unseres Bewußtseins zu überschreiten, eingepflanzt. Es ist jene Kraft, die unsere Entwicklung über die Verkörperungen auf dieser Erde und auf anderen Planeten vorantreibt und uns schließlich zurück in die göttliche Heimat bringt.

Wir können nicht von der Freude reden, ohne an die Liebe zu denken. Sie verbindet die Menschen untereinander, und sie ist auch das Bindeglied zu unserem Ursprung. Wie Trauben am Rebstock hängen wir durch die universelle Liebe am Herzen Gottes. Die Liebe ist der göttliche Funke in jedem Menschen. Das Gebot der Liebe ist nicht nur für unsere Welt geschaffen. Wie ein glühender Strom fließt die Liebesenergie durch den ganzen Kosmos. Liebe ist Licht. Liebe ist auch die Kraft des Verzeihens. Nur durch die Liebe vermögen wir, etwas nach unserem Tod in dieser Welt zurückzulassen, das unvergänglich ist und fortwirkt. Nur durch die Liebe dringt der Geist Gottes in jedes Sein. Liebe kennt den Ausdruck »Ich« und »Mein« nicht, weil sie losgelöst vom irdischen Denken als Seinzustand der Urgrund aller Welten ist. Sie braucht kein Recht, weil das Recht in ihr selbst ruht. Durch die Liebe ist der Mensch an nichts gebunden, außer an die Liebe.

Angst ist das Gegenteil von Liebe. Sie hat die Macht, uns vorübergehend sogar aus der Geborgenheit Gottes zu verdrängen. Angst verhindert das Leben im Hier und Jetzt, und nur die Liebe allein kann sie besiegen. Es ist nur eine Frage der Zeit, bis die Angst in der Liebe zerschmilzt.

Die Liebe ist wie ein Saiteninstrument. In jedem von uns schwingt eine Saite und erzeugt den inneren Ton. Durch Wandlungen und über die Erfahrung der vielen Leben werden wir fähig, Saite um Saite zum Schwingen zu bringen.

Am Ende unseres irdischen Daseins ist die Liebe die Durchgangspforte, durch die wir zurückkehren in die Fülle des göttlichen Lichts.

Schlußwort

Wenn Sie, liebe Leser, mit dem Inhalt dieses Buches nicht in allem übereinstimmen können, kann ich dies gut verstehen, da auch ich selbst diese Dinge Schritt für Schritt über eine lange Strecke erarbeiten mußte. Ich hoffe, daß sich viele Leser unabhängig von meinen Aussagen im einzelnen in ihrem persönlichen geistigen Weg bestärkt sehen.

Die Entwicklung von Seele und Geist vollzieht sich durch viele Leben im Sinne einer ganzheitlichen Evolution. Mein Auftrag bestand darin, Erfahrungen und Bitten aus der jenseitigen Welt weiterzuleiten. Ich habe es nach bestem Wissen und Gewissen getan und offen meine Seele ausgebreitet.

Als ich mich vor einiger Zeit von einer lieben Freundin verabschiedete, gab sie mir einen Geleitspruch mit, den sie gelesen hatte. Er berührte mich tief, und es ist mir ein Bedürfnis, ihn an Sie weiterzugeben.

Glaubet und betet
Danket und tretet
Über die Schwelle der Erde
hinaus zum Licht.

Register

Akasha-Chronik (Weltgedächtnis) 35, 47, 136
Ängste, Lebens- und Todesangst 9, 10, 57, 69, 86, 101, 102, 104, 108
Ätherkörper des Menschen 21, 22, 41, 84, 85, 99, 119
Astralkörper (Aura) 34, 35, 36, 40, 81, 92, 96, 119
Astralreisen (Austritte) 15, 16, 38, 83, 93, 94, 123
Astralschlaf 50, 58, 91
Astralwelten 36, 41, 47, 70
Aufgaben aus dem Jenseits Zurückgekommener 92, 94
Außersinnliche Wahrnehmung (ASW) 31, 51, 73, 80, 86, 92, 120, 126, 137

Bewußtsein alles Lebendigen 11, 102
Bewußtseinsreife (-entwicklung) 39, 43, 46, 47, 48, 51, 58, 61, 66, 69, 108, 113
Bewußtseinsschulung 28, 82, 107, 117, 141
Brücke ins Licht 57, 85

Chakras (feinstoffl. Energiezentren) 22, 24, 25, 26, 27, 33, 126

Depressionen 24, 107, 112, 116, 139

Dimensionen, geistig-seelische 18, 33, 39, 56, 60

Elemente 52, 137, 138, 139, 151
Energiefluß im menschlichen Körper 27, 50, 121, 140
Energiezentren im menschlichen Körper 22, 25, 51, 73, 104, 112, 113, 115, 116, 119, 137, 142
Erinnerungen an vorgeburtliche Zustände 9f.
Evolution (Emporentwicklung) 155

Fegefeuer 14, 44
Führung, geistige 14

Gebete 46, 71, 82
Gedankenkraftwirkungen 48, 49, 152
Geisteskrankheiten 99, 133
Geistheilung (-heiler) 33
Gespräche mit Verstorbenen 73, 80
Gesetze (geistige, universelle) 71, 88, 105, 125
Glaubenskraft 14, 85
Götter 63, 64, 66
Gottesboten 51
Gottesfunken im Menschen 40, 142

Heilenergien astraler und mentaler Natur 35, 55, 106
Heilenergien durch Jesus Christus 34
Helfer, geistige 57, 72, 79, 123, 134
Hellsehen 16, 52
Höllenregionen 14, 43, 44
Hüter der Weisheit 55

Individualität 64
Innere Stimme 51, 72, 92, 104
Introvertiertheit 24, 139

Karma (Krankheiten, Behinderungen) 103, 135
Kausalebene 43, 64, 66, 136
Kindersensibilität (-phantasie) 29, 30, 31
Kindertod (Fehlgeburten) 88
Komazustände 39, 82
Kontakte mit verstorbenen Verwandten und Bekannten 17, 18
Kosmische Energie 32, 42
Krankheiten 101, 102, 104, 105, 108–112, 113, 114

Lebensfilm (Lebensrückschau) 95
Lebensfreude 150
Lebensrhythmus der Erde 132, 135
Leid als Erziehungs- und Schulungsfaktor 43, 44, 88, 89
Lernprozesse (Beginn und Abschluß) 45, 54, 101
Lichtpforten (astrale und mentale) 45, 46, 56, 57, 58
Lichtschutzenergien 58, 59
Lichtvision 16, 52, 153
Lichtwesen, reine 51, 53, 94
Liebesenergien und -schwingungen 46, 49, 50, 64, 67, 134, 135

Magnetfelder 80, 82, 118, 119
Magnetisierung durch geistige Geburtshelfer 80
Magnetkraftfeld der Erde 21
Mediale Beratungstätigkeit 48
Mediales Schreiben 9
Meditationsübungen 9, 77–79, 140, 142–149
Mentalebene 57, 63, 124, 136
Mentalkörper 39, 81, 84, 96
Mystischer Tod 65
Musik (astralen Ursprungs) 85, 94

Nächstenliebe 53, 141
Neues Zeitalter 58, 62, 70, 136

Opferbereitschaft 55, 56, 103
Ort der Besinnung 51

Planeten (anderer Entwicklungsstufen) 58, 61
Polarität 61, 81, 90, 96
Programmierung des eigenen Unterbewußtseins 104
Punkt der Mitte (Nabel) 118, 121

Reifungsprozesse (geistig-seelische) 32, 36

Schizophrenie (Persönlichkeitsspaltung) 87
Schlaf- und Traumerlebnisse 37, 38, 118, 120–125
Schlafbedürfnis, Schlafrhythmus, Schlafmenge, Schlafstörungen 117, 120, 131–135, 138
Schlafwandeln (Mondsüchtigkeit) 119
Schutzengel 46, 51, 72, 95, 100, 122, 124
Schutzfeld, energetisches 80

Schwingungskreislauf 24, 99, 104, 114, 132
Seelenalter 88
Seelenspiegel 35, 41
Seelen, umherirrende 77, 85, 86
Selbst, höheres 107, 125, 142
Selbstmitleid 107, 114
Selbstmord 99
Silberschnur 38, 39, 84, 90, 123, 126
Sonnengeflecht 22, 26
Sterbehilfe, konkrete 75, 76
Sterben, bewußtes oder unbewußtes 83, 101
Sterbevorgänge (-phasen) 69, 70, 80, 87, 88
Störungen, vegetative 24

Telephathie (Gedankenübertragung) 92, 152
Tiere in den Astralwelten 47
Todeskämpfe 69, 82, 85, 88
Tod, klinischer 82, 91
Trancezustände 9, 16, 127, 137
Trauer um Verstorbene 59, 76 f.
Traumbeispiele 127 ff.
Traumerlebnisse 92, 124, 125, 126
Traumtagebuch 127
Tunnelerlebnisse 84, 94, 119

Unfalltod, plötzlicher Tod 15, 53, 88, 94
Unterbewußtseinsebenen 108, 141
Urkraft 50, 62, 64, 95

Verdammnis, ewige 61, 64, 100
Verantwortungsbewußtsein 57, 58, 105
Verdrängungen und ihre Folgen 104, 105
Visionen 49
Vollkommenheit 67, 68
Vorherbestimmung der Lebensdauer 91
Vorhersagungen durch Sterbende 76
Vorstellungskraft 29, 64, 102, 106, 142

Wahrträume (lucide Träume) 124, 125, 126
Weiterlebensbeweise 17
Wetter- und Klimafaktoren 138, 139
Wiederbelebung, klinisch Toter 16, 93
Wiederverkörperung (Reinkarnation) 44, 48, 51, 56, 99, 102, 125
Willensfreiheit 66, 67, 83, 85, 99, 124, 135

Zeitbegriffe und Vorstellungen 46, 56, 64, 95, 96, 117, 134–136
Zoneneinteilung der feinstofflichen Welten 19, 33, 56, 83, 85
Zwischenbereich 87

Von Silvia Wallimann sind außerdem erschienen:

Lichtpunkt

Aufschlüsse durch mediales Hellsehen über bewußtes Leben und Sterben

3. Aufl., 123 Seiten, 1 Abb.; gebunden; ISBN 3-7626-0310-4

Seit eh und je haben außersinnliche Wahrnehmungen die Menschen teils in Angst, teils in Hoffnung versetzt. Zeugnisse außersinnlicher Begebenheiten gelten heute nicht mehr unbedingt als ein Verstoß gegen den gesunden Menschenverstand. Deshalb ist der Leser aufgerufen, dem Inhalt dieses Buches unvoreingenommen zu begegnen, ohne die üblichen Vorurteile, die von Theoretikern oft mit um so größerer Selbstsicherheit vertreten werden, je weniger sie von einer Sache wissen.

Das Wunder der Meditation

288 Seiten, 8 Zeichn.; gebunden; ISBN 3-7626-0330-8

Wir beschäftigen uns in der Meditation mit unserem eigenen Wesen. Wir erleben, was die Weisen seit eh und je als das Wunder der Meditation verkünden: Alle Wahrheiten sind in unserem Innern. Wie sonst könnten Aussagen jahrtausendealter Schriften unverändert zu den tiefsten Einsichten zählen?

Wenn wir die Lage unserer Welt betrachten, so scheint es, als könnte sie verzweifelter nicht sein. Gibt es eine nachdrücklichere Aufforderung an die Menschen, zu einem neuen Gleichgewicht zu finden? Nutzen wir doch die verbliebene Chance! Beziehen wir den meditativen Weg der Erkenntnis wieder in unser Leben ein!

Verlag Hermann Bauer · Freiburg im Breisgau